KB015068

막북에서 다시 쓴 열하일기 (下)

7년의 기록, 1만 장의 사진, 발로 쓴 열하일기 답사기!

매일경제신문사

막북에서 다시 쓴 열하일기 (下)

막북행정록漠北行程錄

-연경에서 열하까지 5일간의 기록(1780년 8월 5일~8월 9일)

태학유관록太學留館錄

-열하의 태학에서 머문 6일간의 기록(1780년 8월 9일~8월 14일)

환연도중록還燕道中錄

-열하에서 연경으로 돌아오는 6일간의 기록 (1780년 8월 15일~8월 20일)

황도기략黃圖紀略
-북경의 이곳저곳을 둘러본 기록

알성퇴술謁聖退述
-공자의 사당을 참배한 기록

앙엽기盎葉記
-여러 명소를 구경한 기록

* 연암 박지원의 ≪열하일기≫는 1780년 6월 24일(음력)부터 8월 20일까지의 여정을 총 10권 26부로 기록하였습니다. 본 책의 목차도 이를 참고하였음을 알려 드립니다.

막북에서 다시 쓴 열하일기 (上)

도강록渡江録

-압록강에서 십리하까지 5일간의 기록(1780년 6월 24일~7월 9일)

성경잡지盛京雜識

-십리하에서 소흑산까지 5일간의 기록 (1780년 7월 10일 ~7월 14일)

일신수필駋汛隨筆

-신광녕에서 산해관까지 9일간의 기록(1780년 7월 15일~7월 23일)

관내정사關內程史

- 산해관에서 연경까지의 11일간의 기록(1780년 7월 24일~8월 4일)
  유학자의 위선을 폭로한 작품 ≪호질≫이 수록됨

막북행정록 漠北行程錄

연경에서 열하까지 5일간의 기록
(1780년 8월 5일 ~ 8월 9일)

四十四

건륭제의 명으로 급거 열하로 향하다

1780년 8월 1일 연경에 도착한 연암 박지원을 비롯한 조선의 사행단은 8월 4일까지 서관에 머물며 한가로이 보내다가 8월 5일 새벽에 건륭제로부터 즉시 열하熱河로 오라는 명을 받았다. 그 생생한 장면을 읽어본다.

8월 5일 막북행정록 《열하일기》

초나흗날 나는 종일 유람을 다니다가 저녁 무렵 돌아와 곤하게 잠이 들었다. 한밤중에 잠에서 깨어 물을 찾으러 정사의 방에 갔더니 촛불이 환하게 켜져 있었다.

정사가 나에게, "조금 전에 깜박 잠이 들어 열하에 가는 꿈을 꾸었는데, 행렬의 짐 보따리까지 눈에 선하네"라고 했다. 나는 "그간 열하에 가야 한다는 생각에 빠져 있었기 때문에, 꿈으로 나타난 것이겠지요"라고 대답하고는, 물을 마시고 다시 잠들었다.

갑자기 꿈결 속에서 여러 사람의 발자국 소리가 마치 담장이 무너지고 집이 쓰러지는 듯 쿵쾅거리며 들렸다. 나도 모르게 벌떡 일어나 앉으니 머리가 빙빙 돌고 가슴이 두근두근했다. '저렇게 급한 발자국 소리가 나는 것을 보니 큰일이 난 모양이다'라고 생각하고 급하게 옷을 챙겨 입을 즈음에 하인 시대가 달려와서, "지금 즉시 열하로 가야 한답니다"라고 고한다.

한방을 쓰던 어의 변관해와 상방 비장 박래원이 화들짝 놀라 깨며, "숙소에 불이라도 났답니까?"하고 물었다. 나는 장난삼아, "황제가 열하로 가서 북경이 비어 있는 틈을 노리고 몽골 기병 10만 명이 쳐들어왔다네"라고 말하자 그들은 놀라서, "으악"하고 소리를 지른다. 황급히 사신이 있는 상방에 가 보았더니 서관 전체가 물이 끓듯 소란하다. 청나라 통역관 오림포, 박보수, 서종현 등은 분주히 왔다 갔다 하는데, 얼굴빛은 하얗게 질리고 떠들어대는 모습이 실성한 듯했다.

사연인즉, 황제가 매일같이 우리 사신이 오기를 기다리다가 표자문表咨文을 받아 보고는, '예부에서 조선의 사신을 열하로 오게 할 것인지 말 것인지를 묻지도 않고 달랑 표자문만 올린 것은 직분을 다하지 못한 것'이라고 화내며 모두 감봉처분을 지시했다고 한다. 그래서 상서尙書* 이하 예부의 관원들이, 우리에게 짐을 최소한으로 꾸려 빨리 열하로 가기를 독촉했다는 것이다.

* 오늘날의 장관

병자호란 이후 조선은 청태종 홍타이지에게 무릎을 꿇고 군신의 맹약을 했다. 청나라의 속국이 되고 조선 국왕은 청나라 황제에게 번신의 지위에 서게 되었다.

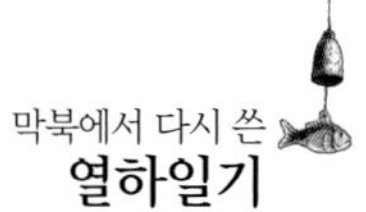

사진 44-1 건륭제 초상

그러니 조선의 사신은 청나라 황제의 마음먹기에 따라 얼마든지 처형할 수도 있었다.

설사 청나라 황제가 조선의 사신을 용서한다고 해도, 칙서에 사신의 무례를 꾸짖는 내용이 들어가면 귀국 후 국왕으로부터 처형당하거나 또는 눈을 부릅뜨고 호시탐탐 노려보고 있을 대신들로부터 탄핵당할 가능성도 컸다.

건륭제의 칠순 생일인 만수절은 8월 13일이니 며칠 안에 열하에 도착하지 않으면 큰일이 일어날지도 모르는 상황이었다. 따라서 목숨을 걸고 달려갈 수밖에 없었다. 이제 한양에서부터 연경에 이르기까지 한 달 넘게 걸린 고된 연행길을 이어 열하에 가야 했다. 사진은 《열하일기》가 쓰이던 무렵 노년기 건륭제의 초상이다.

이때 연암 박지원은 열하에 따라갈 것인지를 고민한다. 행여 열하에 갔다가 다시 연경으로 돌아오지 못하고 곧바로 조선으로 돌아가게 된다면 연경을 돌아볼 좋은 기회를 놓치게 되는 것이기 때문이다. 결국 연암 박지원은 삼종형 박명원의 권유에 따라 열하로 함께 가기로 정한다. 이 대목에서 박명원이 연암 박지원을 아끼는 마음이 잘 드러난다.

열하에 가고 싶은 마음은 간절하나, 먼 길을 온 지 얼마 되지 않아 피곤이 가시지 않았기에 다시 먼 길을 가야 한다니 실로 견딜 수 없는 노릇이었다. 또 만일 열하에서 바로 본국으로 돌아가게 된다면 연경을 구경할 겨를이 없으니 이것도 낭패였다.

주저하던 차에 정사가 나에게, "자네가 만 리 연경을 멀다 않고 온 것은 널리 구경하고자 함이거늘, 이제 열하는 앞서 조선에서 온 사람들이 한 번도 보지 못한 곳일뿐더러 조선으로 돌아간 뒤에 '열하가 어떻더냐' 고 묻는 이가 있다면 무어라 대답할 것인가? 연경에는 와 본 사람이 많지만 열하에 가는 것은 좀처럼 얻기 어려운 기회이니 꼭 가야 할 것이 아닌가?" 라고 했다. 나는 드디어 가기로 마음을 정했다.

사람과 말을 점검해 보니, 사람은 발이 모두 부르트고 말은 여위고 병들어서 실로 기한 내에 갈 수 있을 것 같지 않았다. 일행이 모두 마두를 없애고 견마잡이만 데리고 가기로 하여 나도 장복을 떨어뜨리고 창대만 데리고 가기로 했다.

드디어 사시*에 연경을 출발하여 열하로 떠났다. 부사, 서장관, 역관 세 사람, 비장 네 사람, 하인 등 사람이 모두 일흔넷이고, 말이 쉰다섯 필이었다. 나머지는 모두 연경의 서관에 머물렀다. 변계함과 참봉 노이점, 진사 정각, 건량판사 조학동과 여러 역관들도 서관 문 밖에서 손을 잡고 무사히 다녀오기를 빌어 준다. 마부들이 사과와 배를 사서 주기에 하나씩 받았다. 모두들 첨운패루 앞까지 따라와 말 머리에서 작별인사를 하며 "부디 몸조심하시라" 고 하는데 눈물을 떨어뜨리지 않는 사람이 없었다.

---

* 오전 10시 무렵

8월 5일 사신은 사행단 일행 281명 중에서 74명만 차출해서 급히 열하로 떠난다. 나머지 일행은 서관 부근에 있는 첨운패루에서 열하로 떠나는 사신 일행과

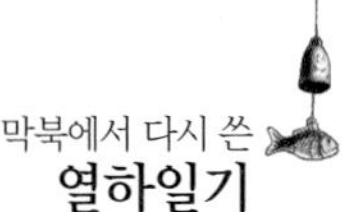

작별인사를 했다. 서관을 나온 사신 일행은 지안문地安門으로 들어가 자금성을 끼고 7, 8리를 가서 고루鼓樓를 거쳐 동직문을 나선다.

지안문은 자금성 북쪽에서 고루에 이르는 길에 위치했다. 자금성의 남쪽에는 천안문이, 자금성의 북쪽에는 지안문이 있었다. 지안문은 1950년대에 지안문내대가地安門內大街가 개설되면서 철거되어 사라졌다. 2008년 북경올림픽을 계기로 옛 문화유적 복원에 나선 중국정부는 지안문의 모양을 본떠 경산원공에 만세문을 만들어 놓았다. 물론 원래의 위치가 아니고 크기도 축소되었다. 사진은 경산공원의 정문인 만세문의 오늘날 모습이다.

연암은 ≪열하일기≫에서 종루를 지났다고 하였으나 위치로 보아 고루鼓樓를 잘못 안 것이다. 아래의 사진은 조선의 사행단이 열하로 달려가면서 지나간 고루

사진 44-2 지안문을 본떠 만든 만세문

위에서부터
사진 44-3 고루
사진 44-4 1910년대의 동직문

의 오늘날 모습이다. 연암 박지원 일행은 바로 이 고루 앞 오른쪽 길로 부리나케 달려갔다.

고루에서 동쪽으로 큰길을 따라 곧장 가면 동직문東直門이 있었다. 연암 박지원과 함께 방을 썼던 정사의 비장 박래원과 마두인 장복은 이곳 동직문까지 따라와 일행과 눈물로 작별인사를 했다. 동직문은 연경의 동쪽에 있던 성문이었다. 오늘날 동직문은 완전히 허물어지고 흔적조차 찾을 수 없다. 사진은 1910년대의 동직문 모습이다.

동직문을 나온 연암 박지원을 비롯한 조선의 사신 일행은 곧장 열하로 달려간다. 《열하일기》를 읽어본다.

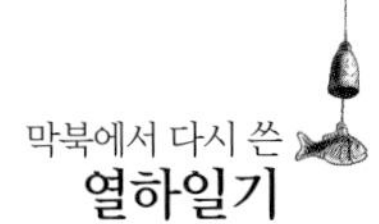

성문 밖은 산천이 눈에 드는 것이 없어 꽤 쓸쓸하다. 해는 이미 저물었는데 수레바퀴를 쫓아가다가 서쪽으로 길을 잘못 들어 수십 리나 돌아갔다. 길 양편에 옥수수가 하늘에 닿을 듯 아득하여 길은 푹 꺼진 것 같은데, 웅덩이에 고인 물에 무릎이 빠진다. 물이 스며들도록 구덩이를 파 놓았는데 물이 그 위를 덮어서 보이지 않으므로 소경처럼 용을 쓰고 길을 따라 나아가니 벌써 밤이 깊었다. 손가장에서 저녁을 먹고 머물렀다.

8월 5일 조선의 사신 일행은 연경을 출발해 첫날 밤 손가장孫家庄에서 숙박한다. 손가장은 북경 외곽에 위치한 오늘날의 손가촌孫家村이다. 아마 손씨들이 모여 살던 집성촌이었던 것 같다. 이제 연암 박지원 일행이 8월 5일 서관을 출발해 손가장에서 숙박한 여정을 지도상에 표시해 본다.

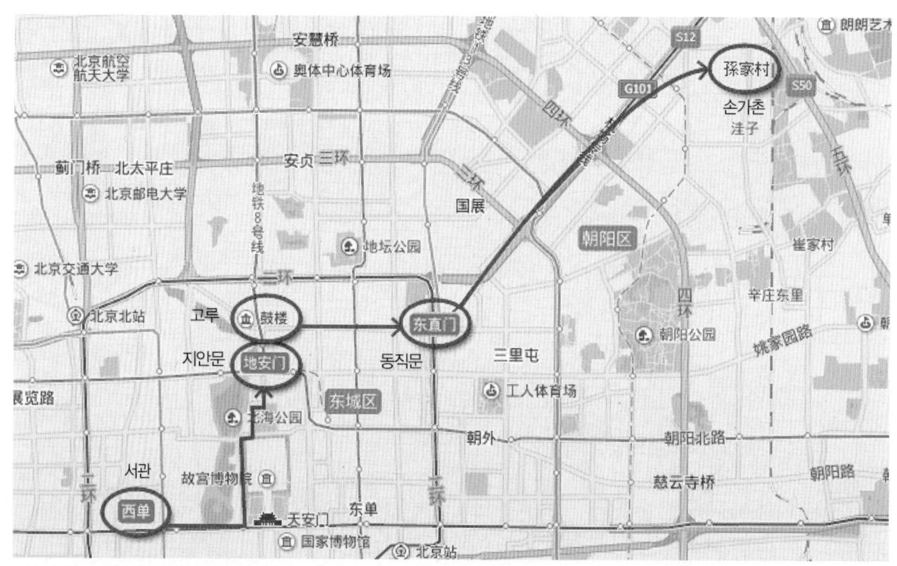

사진 44-5 서단에서 손가촌까지의 여정

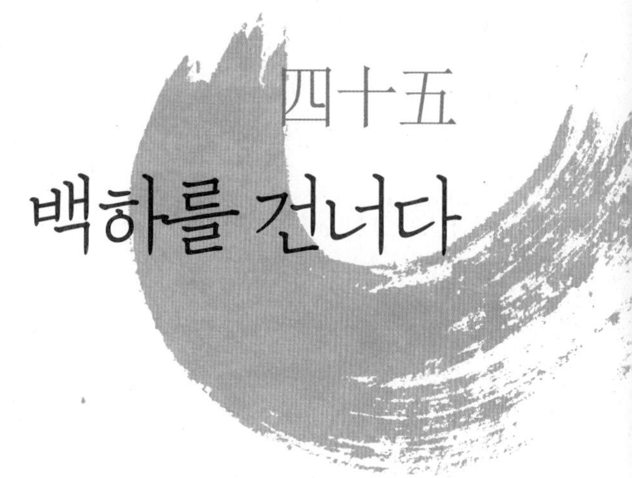

四十五
백하를 건너다

1780년 8월 6일 새벽 손가장에서 길을 나선 연암 일행은 순의현順義縣을 거쳐 회유현懷柔縣을 지나 백하白河를 건넜다. 이어 밀운성密雲城을 지나 열하를 향해 길을 재촉했지만, 중간에 큰 비를 만나 어쩔 수 없이 밀운성의 민가에서 유숙하게 된다. 이날 사신 일행은 밤이 늦어 밥도 먹지 못하고 다음날 새벽에 곧바로 출발할 정도로 고생이 심했다.

오늘날 순의현은 순의구順義區, 회유현은 회유구懷柔區, 백하는 오늘날에도 그대로 백하, 밀운성은 밀운현密雲縣이다. 손가촌을 출발해 밀운현에 이르는 여정을 지도상에 표시해 본다.

8월 6일 새벽, 연경 외곽의 손가장에서 길을 재촉해 열하를 향한 연암 일행은

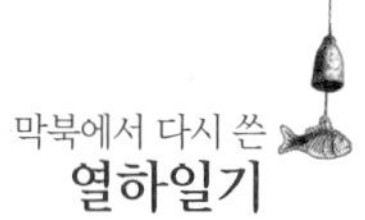

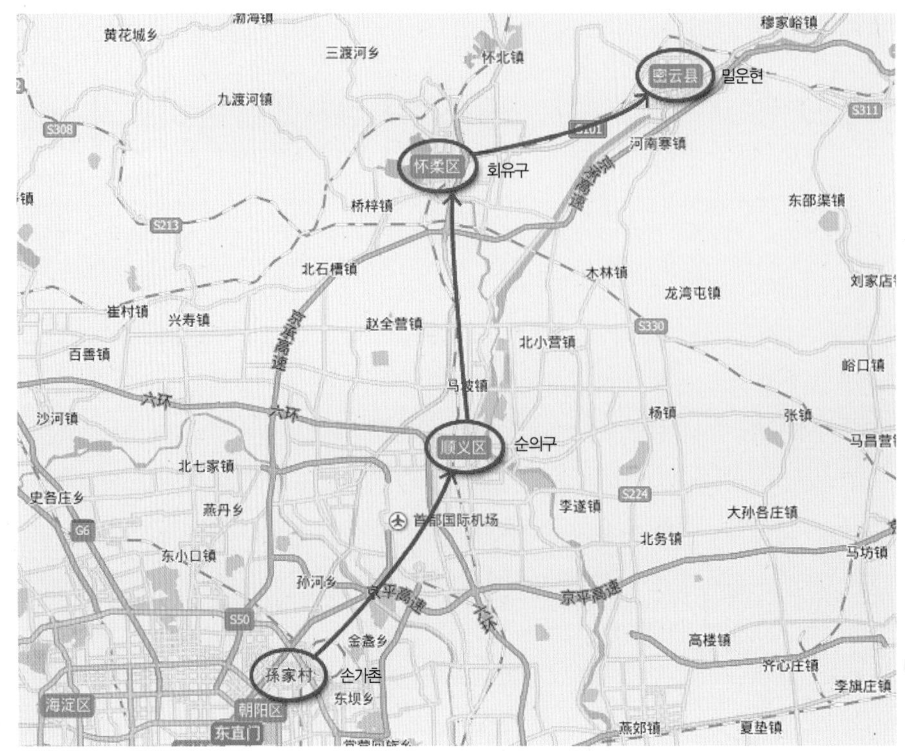

사진 45-1 손가촌에서 밀운현까지의 노정

곧장 북동쪽으로 길을 재촉해 순의현과 회유현을 지나 백하白河를 건넌다. 백하는 밀운현 서북쪽 산악지역의 여러 물줄기들이 합류하여 이루어진 강이다. 이제 조선의 사행단이 백하를 건너 비를 피하는 생생한 장면을 《열하일기》에서 읽어본다.

8월 6일 막북행정록 《열하일기》

다시 수십 리를 가서 백하를 건넜다. 백하는 황토물이 급하게 흐르는 강이다. 대체로 변방 밖으로 흐르는 물은 모두 탁한 황토물이다. 강에는 작은 배 두 척만이 있는데, 모래톱에는 다투어 건너려는 수레가 수백 대요, 사람과 말이 수없이 서 있다.

오면서 길에서 본즉, 막대를 가로 질러서 누런 궤짝 수십 개를 나르고 있었다. 궤짝에는 모두 옥그릇을 실었는데 회자국*에서 온 조공품이다. 이들은 북경에서부터 짐꾼을 고용해 나르고 있었다. 그 생김새는 벼슬아치인 듯하며, 그 중 한 사람은 회자국의 태자로서 웅건하고 사나워 보인다.

그들이 두 척밖에 없는 배 밑바닥에 궤짝을 메어다 놓고 삿대를 저어 떠나려 할 때에 갑자기 우리 사행단의 주방**과 말몰이꾼들이 배에 펄쩍 뛰어 올라 말을 궤짝 위에 함께 태웠다. 배는 이미 맞은편 강가로 떠났고 언덕에 남아있는 회자들은 그릇이 깨어질까봐 놀라서 소리치고 발을 구르나 주방과 말몰이꾼들은 조금도 거리낌 없이 먼저 건너려고만 한다.

내가 수역***에게 사정을 알리니 그가 놀라서 빨리 내리라고 호통을 쳤다. 회자들 역시 어지러이 지껄이며 배를 돌리게 하여 그 궤짝을 모두 메어 내렸으나 한 마디도 우리나라 사람과 다투는 일이 없었다.

강을 중간쯤 건널 무렵, 갑자기 한 조각 검은 구름이 거친 바람을 품고 남쪽에서부터 오기 시작했다. 삽시간에 모래를 날리고 티끌을 자아올려 연기처럼 하늘을 덮어 지척을 분별하지 못할 지경이다. 배에서 내려 하늘을 쳐다본즉, 하늘은 온통 검푸르며 여러 겹 구름이 독기를 품은 듯 번갯불이 번쩍이며 천둥과 벽력이 휘감고 싸여 마치 검은 용이라도 뛰어 나올 듯하다. 밀운성을 바라보니 겨우 몇 리밖에 남지 않았으므로 채찍을 날려서 빨리 말을 몰았다. 바람과 우레가 더욱 급하여지고 빗발이 비껴치는 것이 마치 사나운 주먹으로 후려갈기는 듯하여 형세가 지탱할 수 없으므로, 재빨리 길가 낡은 사당에 뛰어 들었다.

---

* 回子國, 중앙아시아 동키르키스탄 계열의 회교 부족국으로서 오늘날의 신강, 위그루의 부족을 뜻함
** 廚房, 음식을 담당하는 하급관리
*** 首譯, 선임역관

조선의 사행단이 황제의 명으로 열하로 달려가는 과정에는 청나라 조정에서 관리가 나와 직접 도와주고 있었다. 이는 우방국의 사신에 대한 청나라 조정의 예우였다. 황제의 측근에서 보좌하던 내관인 군기대신, 예부 소속의 관원인 낭중, 예부 소속 관원으로서 조선 사신의 거처와 뒷바라지를 담당하는 책임자인 제독提督과 통역을 담당하는 통관通官이 총동원되었다.

한편 조선의 사행단이 백하를 건너는 장면은 열하에서 다시 연경으로 돌아오는 과정에서도 반복된다. 다시 열하일기를 읽어본다.

《열하일기》 환연도중록 8월 18일

백하에 도착하니 나루터에는 사람들이 시끌벅적 떠들며 서로 먼저 건너겠다고 하나 좀처럼 건널 수 없다. 막 부교를 만들고 있는 중이어서, 배 한 척만이 사람을 실어 나르고 나머지 배들은 모두 돌을 운반하고 있다.

갑자기 시커먼 구름이 사방에서 몰려들면서 바람이 불고 천둥이 쳤다. 그렇지만 열하로 갈 때보다는 무섭지 않으니 신기한 일이다. 이곳을 지날 때의 날씨가 같은 것이 이상한 일이다.

연암 박지원이 이곳을 건너던 당시의 백하는 만리장성을 거쳐 수많은 굽이를 돌아 밀운성 아래를 흘렀으나, 오늘날에는 밀운현 북쪽의 옛날 물줄기들이 밀운수고密雲水庫에 잠겼다. 밀운수고는 1950년대에 백하와 조하의 물줄기를 막아 건설된 다목적댐으로서, 북경 최대의 식수원이다. 밀운수고 아래쪽에는 그 옛날의 물길을 고스란히 이어 백하가 밀운현의 남동쪽을 흐르고 있다. 밀운댐을 거쳐 흘러드는 백하의 강물은 그 옛날과 달리 물살이 거세지도 않고 황토물이 흐르지도 않는다. 사진은 연암 박지원 일행이 배를 타고 건넜던 백하와 나룻터에 건설된 백하교白河橋의 모습이다.

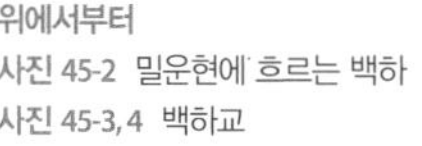

위에서부터
사진 45-2 밀운현에 흐르는 백하
사진 45-3, 4 백하교

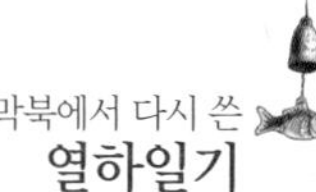

四十六

밀운성의 민가에서 하룻밤을 지새우다

연암 일행은 백하를 건너 얼마지 않아 빗발이 쏟아지고 천둥이 내리쳐 길가의 오래된 사당에 들어가 비를 피한다. 잠시 후 비가 그쳐 다시 길을 재촉했으나 앞에 큰 물이 막고 있어서 어쩔 수 없이 말머리를 돌린다. 이 장면을《열하일기》에서 읽어본다.

《열하일기》 막북행정록 8월 6일

비가 좀 멎기에 곧 길을 떠났다. 밀운성 밖을 감돌아서 7~8리를 갔다. 별안간 건장한 만주족 몇 사람이 나귀를 타고 오다가 손을 내저으며, "가지 마시오. 5리쯤 앞에 시냇물이 크게 불어서 우리도 모두 되돌아오는 길이오"라고 했다.

또 채찍을 이마에까지 들어 보이며, "물이 이만큼 높으니 당신네들 날개가 있으면 모를까 못 건넙니다요"라고 한다. 이에 우리 일행이 서로 돌아보며 낯빛을 잃고 모두 길 중간에 말에서 내려 섰으나, 위로는 비가 내리고 아래로는 땅이 질어서 잠시 쉴 곳도 없다.

통관과 우리 역관들을 시켜서 먼저 물에 가보게 했다. 그들이 돌아와서 하는 말이 "물 깊이가 두어 길이나 되어 어찌할 수 없습니다"라고 한다. 버드나무 그늘이 음침하고 바람결은 몹시 서늘한데 하인들의 홑옷이 모두 젖어서 덜덜 떨지 않는 자가 없다.

역관과 제독, 통관이 서로 "지금 앞으로 가서 강물을 건널 수도 없고, 그렇다고 물러나 밥을 해 먹을 여관도 없는데 날은 저물고 있으니 어찌한단 말인가?"라고 걱정했다. 이에 오림포가 "여기서 밀운성까지는 5리 정도에 불과하니 우선 그 성에 들어가 물이 빠지기를 기다려야 하겠습니다"라고 했다. 오림포는 이미 나이 70세가 넘어 추위와 굶주림을 더욱 견디지 못했다.

내가 먼저 말을 달려 밀운성에 이르렀더니 길가의 물은 말 배에 닿았다. 성문에서 말을 세우고 일행을 기다려서 함께 들어가니, 뜻밖에 말을 탄 군관 10여 명과 함께 쌍등과 촛불을 들고 밀운현의 지현*이 몸소 와서 맞이했다. 통관이 먼저 가서 주선하였는데 그 일처리가 재빨랐다. 중국에서는 비록 왕자나 공주의 행차라도 민가에 머무르지 못하므로 그 숙소는 반드시 여관이나 아니면 사당이다. 이제 이 고을에서 우리 일행의 숙소로 정해준 곳은 관제묘이다. 지현은 문 앞까지 와서 곧 돌아갔다. 관제묘에는 인마를 들일 수는 있으나 사신이 묵을 방이 없었다.

---

* **知縣**. 현의 행정을 담당하는 관리

밀운현의 지현이 조선의 사신일행을 위해 지정해준 숙소는 관제묘였다. 그러나 정사와 부사 서장관 등 조선의 사신은 관제묘에서 숙박할 수 없어서 직접 민가를 찾아 나섰는데 겨우 소蘇씨 성을 쓰는 집을 찾아냈다. 이제 연암 박지원은 중국인의 눈에 비친 조선 사신 일행의 모습을 이방인의 눈으로 묘사한다. 다시 《열하일기》를 읽어본다.

밤이 이미 깊어서 집집마다 문을 닫아걸었으므로, 오림포가 대문을 백 번 천 번 두드리고 소리쳐 주인을 불러내니 겨우 문을 열고 내다보는 집이 있었는데, 소蘇씨 성을 가진 이의 집이었다. 이 고을의 아전의 집인데 행궁에 버금갈 정도로 훌륭했다. 집주인은 이미 죽었고 열여덟 살 된 아들이 있는데, 세상의 풍상을 겪지 않은 깨끗하고 수려한 얼굴이었다. 정사가 불러서 청심환 하나를 주니, 그는 무수히 절하나 몹시 놀라서 두려워하는 기색이다.

잠을 자고 있을 시각에 문을 두드리는 이가 있어 나가보니, 사람 지껄이는 소리와 말 우는 소리가 요란한데 모두 생전 처음 듣는 소리요. 급기야 문을 열자 벌떼처럼 뜰에 가득 들이친 이 사람들이 누구란 말인가? 조선 사람이라고는 이곳에 온 일이 없으므로 아마 안남* 사람인지 일본, 유구**, 섬라*** 사람인지 분간하지 못하였을 것이다.

쓰고 있는 모자는 둥근 처마가 지나치게 넓고 이마 위에 검은 일산 같은 것을 걸치고 있으니, 처음 보는 것이라서 '이게 무슨 모자인가? 이상도 하다' 라고 했을 것이다. 입고 있는 도포는 소매가 몹시 넓어서 너풀너풀 춤이라도 추는 것 같으니 옷을 보고도 '이 무슨 옷인가? 이상하게도 생겼네' 라고 했을 것이다. 소리는 '남남' 하고 혹은 '니니' 또는 '깍깍' 하니 이 역시 처음 듣는 소리라서 '이게 무슨 말인가? 이상도 하구나' 라고 했을 것이다.

더구나 사신 이하의 복장이 모두들 달라서 역관들의 복장, 비장들의 복장, 군뢰들의 복장이 각기 따로따로 되어 있고, 역졸과 마두의 무리는 맨발 벗고 가슴을 풀어 헤치고 얼굴은 햇볕에 그을리고 옷은 해져서 엉덩이를 가리지 못하였으며, 왁자하게 지껄이며 대령하는 소리는 너무도 길게 빼니 이 모두 처음일 것이니 "이 무슨 예법인가? 이상하고 야릇한지고"라고 했을 것이다.

필경 그는 우리가 같은 나라 사람으로 함께 온 줄 모르고, 사방의 오랑캐들이 떼를 지어 자기 집에 들어왔다고 생각했을 것이다. 그러니 어찌 놀라고 겁이 나서 벌벌 떨지 않을 수 있겠는가. 비록 세상일을 싫도록 겪은 여든 살 노인일지라도 놀라서 와들와들 떨며 졸도하지 않을 수 없을 것이다.

* 安南, 베트남
** 流球, 오키나와
*** 暹羅, 태국

이제 겨우 유숙할 민가를 구해 들어간 조선의 사행단에게 밀운성의 지현은 음식을 보내어 대접하려고 한다. 그러나 고지식한 조선의 사신은 그간 황제에게 폐를 끼치지 않기 위해 익힌 음식을 제공받은 전례가 없었다는 이유로 음식을 거절하고 만다.

역관이 와서 "밀운현의 지현이 밥 한 동이와 채소와 과실 다섯 쟁반, 돼지·양·거위·오리고기 다섯 쟁반, 차와 술 다섯 병을 보내왔고, 또 땔나무와 말먹이도 보내왔습니다"라고 한다. 정사는, "그래, 땔나무나 말먹이는 받지 않을 이유가 없겠지마는, 밥과 고기는 주방이 있으니 남에게 폐를 끼

칠 게 있겠는가. 받든지 안 받든지 간에 부사와 서장관에게 결정하게 하라"고 했다.

이에 수역은, "중국에 들어와 책문에서부터 으레 음식을 제공받았지만 이렇게 익힌 음식을 제공받은 적은 없습니다. 이제 이곳으로 되돌아 온 것도 뜻밖의 일이었습니다만 저들이 이곳 지현의 체면으로서 제공하였는데 무슨 이유로 물리칠 수 있겠습니까"라고 한다. 이때 부사와 서장관이 들어와서, "황제의 명령도 없었는데 어찌 받을 수 있겠습니까. 마땅히 돌려보냄이 옳겠습니다"라고 했다. 정사도, "그렇겠소"라고 하고는 곧 영을 내려 그를 받기 어려운 뜻을 밝히게 하였다. 그러자 음식을 지고 온 인부들이 끽 소리도 없이 다시 지고 가버렸다. 서장관이 또한 하인들에게, "만일 한 줌의 땔나무나 말먹이를 받는다면 반드시 곤장을 칠 것이다"라고 하고, 엄히 단속했다.

얼마지 않아 조달동이 와서, "군기대신 복차산이 당도하였답니다"라고 보고했다. 황제가 특히 군기대신을 파견하여 사신을 맞이하게 한 것이었다. 그는 "황제께옵서 사신을 고대하고 계시오니 반드시 9일 아침 일찍 열하에 도달하여 주시오."라고 하며, 두세 번 거듭 부탁하고 가버린다. 군기대신은 늘 황제 앞에 모시고 앉았다가, 황제가 군기대신에게 명령을 내리면 군기대신이 하나하나를 의정대신에게 전달하곤 한다. 그가 비록 계급은 낮으나 황제에게 가까운 직책을 맡았으므로 '대신大臣'이라 일컬었다.

오늘날 북경에서 승덕시(열하)까지는 고속도로로 4시간 남짓 걸리는 거리이지만 당시 밀운성에서 열하까지의 거리는 꼬불꼬불한 산악지대의 길을 감안하면 근 200㎞가 넘고, 험준한 산악지대에 백하, 조하, 난하의 험한 물줄기가 사방을 휘감고 있으며 만리장성을 넘어 변방에 나가야 하는 길이었기 때문에 걸어가기에도 무척 힘든 여정이었다.

더욱이 비를 만나 예정에도 없이 밀운성의 민가에서 하룻밤을 지새우게 된 것이 8월 6일 밤인데 다시 황제가 군기대신을 보내어 8월 9일 아침까지 열하에 당도할 것을 명한 것이다. 결국 이틀 만에 만리장성을 넘어 열하에까지 가야 하는 절박한 상황이었다. 그 상황에서도 사신은 전례가 없다며 밀운현의 지현이 보내온 음식을 거절한 것이다. 이어지는 장면을 다시 읽어본다.

이때 하도 피곤하기에 잠깐 자리에 누웠다. 별안간 온 몸이 가려워 견디기 어렵기에 한 번 긁자 굶주린 이들이 덕지덕지 붙어있다. 곧장 일어나 옷을 털고 나서, 밥이 익었는지 물어보니 하인 시대는 "애초부터 밥을 지은 일이 없습니다" 하면서, 빙그레 웃는다. 이미 밤이 깊어 곧 닭이 울 때가 되었으니 한 그릇 물이나 한 움큼 땔나무도 사올 곳이 없다. 비록 사자의 어금니 같은 흰 쌀과 높게 쌓인 은화가 있다 한들 밥을 지을 길은 없었다.

하인들이 모두 춥고 굶주려서 지쳐 쓰러졌다. 나는 그들을 채찍으로 갈겨 깨웠으나 일어났다가 곧 쓰러지곤 한다. 하는 수 없이 직접 주방에 들어가 보니 영돌이 홀로 앉아 공중을 쳐다보면서 긴 한숨을 뿜는다. 다른 사람들은 모두 종아리에 말고삐를 맨 채 쓰러져 코를 곤다. 마침 간신히 수숫대 한 움큼을 얻어서 밥을 지으려 했으나 한 가마솥의 쌀에 반통도 못되는 물을 부었으니 애당초 물이 끓을 리도 없었다. 이윽고 밥상을 받아본즉 물이 쌀에 스며들지도 않았다. 한 숟갈도 들지 못한 채 정사와 함께 술 한 잔씩을 마시고 곧 길을 떠났다. 이때 닭은 벌써 서너 홰를 쳤다.

연암 박지원을 비롯한 조선의 사행단이 하루 밤을 머물고 간 밀운성의 오늘날 모습을 살펴본즉, 밀운현密雲縣 시가지가 현대적으로 개발되면서 옛날 연암 일행이 묵고 간 밀운성의 성벽은 없어지고 옛날의 건물도 모두 사라졌다. 옛적의 모습은 밀운도서관 앞에 문묘의 중심건물이었을 대성전만이 홀로 우두커니 남아있

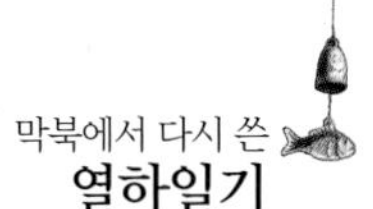

사진 46-1 밀운현의 대성전 건물

을 뿐이다. 사진은 밀운성 구역에 있는 대성전의 모습이다.

한편 오늘날의 밀운현 시가지에 있는 밀운문화관密雲文化館 건물이 인상적이다. 밀운문화관 건물 외벽에는 모택동이 지은 시 〈심원춘·눈沁園春·雪〉이 호방한 그의 필체로 새겨져 있다. 중국의 전통 비정형시인 사[1] 형식의 작품이다.

1936년 2월 모택동이 중국인민홍군 항일선봉군中國人民紅軍抗日先鋒軍을 이끌고 중국 북서부 지방에 침투한 일본군을 공격하기 위해 섬서성에서 도하작전을 계획하던 도중 대설이 휘몰아치자 가슴속에 치밀어 오르는 감상을 표현한 작품이라고 한다. 사진은 대장정 시절의 모택동과 주은래, 주덕의 모습이다.

일본의 항복으로 2차 세계대전이 종료된 1945년 10월 모택동은 국민당의 임시수도인 중경에서 장개석蔣介石 총통과 43일의 평화회담을 했다. 이 회담은 내

1) **詞.** 시(**詩**)의 변형이라고 할 수 있다. 시가 5언, 7언 등으로 정형화되고 운율이 엄격해져서 소위 '읽는 시'로 변하자, '노래하는 시'를 추구하는 시인들이 곡조를 빌려 자유로운 형식의 노래 가사를 창작해냈다

전을 우려한 중국인과 전세계가 이를 지켜보고 있었고 모택동의 공산당을 시험하는 무대이기도 했다. 그 무렵의 중국 지식층은 공산당을 지식도 문화도 없는 망나니로 생각했다.

사진 46-2 대장정 시절의 모택동, 주은래, 주덕

이때 모택동이 〈심원춘·눈〉을 당대의 문인 류아자柳亞子에게 선사했다. 곧장 중경의 〈신민보新民報〉는 이 시를 보도했다. 장정을 끝내고 섬서성에 도착한 모택동이 당대의 풍류인물과 징기스칸을 비교하면서 자신의 기백을 뽐낸 호방한 문체는 당대의 지식인들에게 강한 충격을 주었다. 모택동의 이 시에 매료된 유명한 문인들이 앞다투어 화답시를 보내자 중국의 문화계가 공산당을 새롭게 인식하게 되었다고 한다. 원문과 함께 번역문을 실어본다.

北國風光 千里封(북국의 풍광을 보라, 천리에 얼음 덮이고)

萬里雪飄(만리에는 날리는 눈발이어라)

望長城內外 惟餘莽莽(만리장성 안팎엔 오직 망망한 설원뿐)

大河上下 頓失滔滔(얼어붙은 황하는 출렁거림을 멈추었다)

山舞銀蛇 原馳蠟象(산은 은빛 뱀처럼 춤추고, 들판은 흰 코끼리처럼 달리며)

欲與天公試比高(저 하늘과 높이를 겨룬다)

須晴日 看紅裝素 分外妖(눈 그친 날, 붉은 단장과 고운 자태는 더 없이 어여쁘리)

江山如此多嬌(이 강산이 이처럼 교태를 부렸으니)

引無數英雄競折腰(수많은 영웅들이 다투듯 요절했구나)

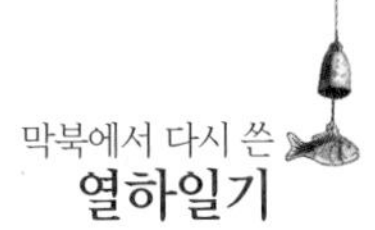

惜秦皇漢武 略輸文采(애석해라. 진시황과 한무제는 글재주가 부족하고)

唐宗宋祖 稍遜風騷(당태종과 송태조는 시인이 아니었네)

一代天驕 成吉思汗(천하를 호령한 칭기즈칸도)

只識彎弓射大(독수리를 향해 화살을 쏠 줄만 알았네)

俱往矣(아, 모든 것은 지나간 일)

數風流人物 還看今朝(천하의 풍류인물을 찾으려면, 눈앞의 세월을 보라)

사진은 모택동의 시가 새겨져 있는 밀운문화관의 모습이다.

모택동은 늘 문화가 없는 군대는 적을 이길 수 없다고 주장했다. 그의 문화적 기량은 중경 담판 후 불과 4년 만에 국민당을 대만으로 몰아내고 정권을 쟁취한 힘으로 작용했다. 일본의 패망 후 한때 8억 중국인의 영웅이었던 장개석은 그렇게 밀려났다.

(위)사진 46-3 밀운문화관
(아래)사진 46-4 밀운문화관 외벽에 새겨진 모택동의 시 '심원춘·눈'

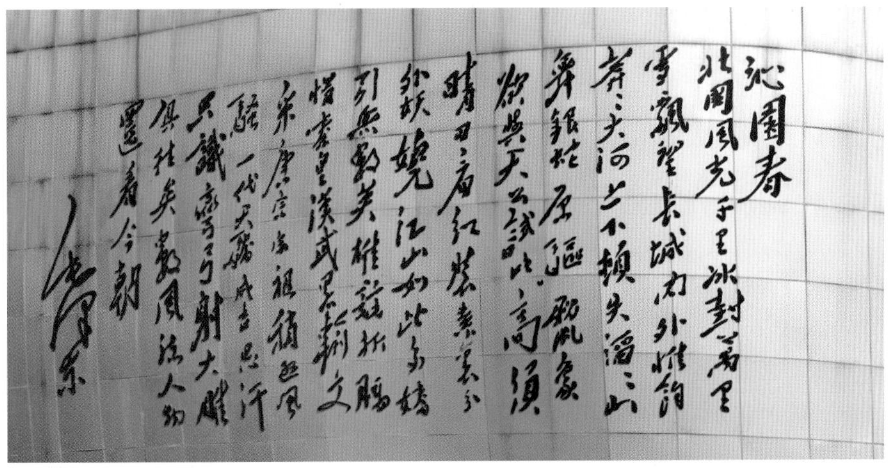

四十七

고북하에서 마부 창대를 남겨두고 남천문을 넘다

1780년 8월 7일 새벽에 연암 일행은 밀운성을 나선다. 갈 길이 급하기 때문이다. 이날 조선의 사신 일행은 밀운성을 나와 목가곡穆家谷, 고북하古北河, 석갑성石匣城, 남천문南天門을 통과해 계속 달려 한밤중에 고북구古北口에 이른다. 사신 일행은 한잠도 자지 못하고 밤을 새워 열하를 향해 달려갔다.

오늘날 목가곡은 밀운현의 북쪽으로서 여전히 목가곡진穆家峪鎭으로 남아있지만, 1958년경에 북경 시민의 상수원인 밀운댐이 대대적으로 건설되어 많은 부분이 수몰되었다. 그 결과 조선의 사신 일행이 달려갔던 길 중에서 목가곡 북쪽부터 고북하는 완전히 물에 잠겨 석갑성 외곽까지 모두 수몰되고 말았다. 한편 석갑성

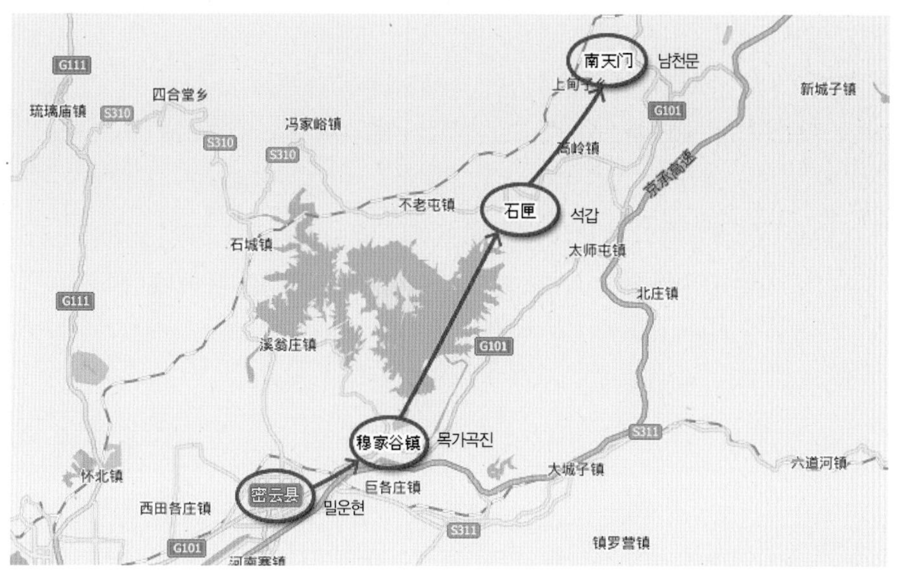

사진 47-1 밀운현에서 남천문에 이르는 노정

은 오늘날 석갑촌石匣村으로 남아있고 남천문은 흔적만이 있을 뿐이다. 우선 밀운성을 나와 목가곡을 거쳐 남천문에 이르는 노정만을 지도상에 표시해 본다.

전날 밤늦게까지 비를 맞으며 헤매다가 겨우 밀운성의 민가에 숙소를 정하고도 밥을 굶고 잠을 설친 연암 일행은, 날이 밝아오기도 전에 길을 재촉한다. 마부 창대는 발을 다쳤고, 열하를 향하는 일행들의 고생은 이만저만이 아니었다.

8월 6일
막북행정록
《열하일기》

창대가 어제 백하를 건너다 말굽에 발을 밟혔다. 발굽이 발에 깊이 박혀 쓰리고 아프다며 신음하고 있으나 그를 대신하여 말고삐를 잡을 사람도 없으니 여간 낭패가 아니다. 그렇다 해서 한 걸음도 옮기지 못하는 그를 중도에 떨어뜨리고 갈 수도 없으니 낭패였다. 비록 잔인하기는 하나 기어서라도

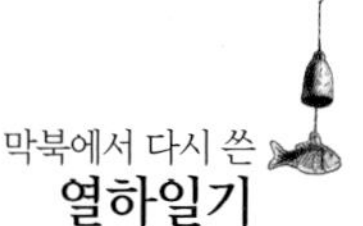

뒤를 따라오라고 엄명을 하고 스스로 고삐를 잡고 성을 나섰다.

사나운 물결이 길을 휩쓸고 간 나머지 어지러운 돌이 이빨처럼 날카로웠다. 손에는 등불 하나를 가졌으나 거센 새벽바람에 꺼져버렸다. 오직 동북쪽에서 비추는 한 줄기 별빛만을 바라보며 앞으로 나아갔다. 시냇가에 이르니, 물은 낮아졌으나 아직도 말 배꼽에 닿았다. 창대는 몹시 춥고 굶주린 데다 발병이 나고 졸음을 견디지 못한 채 또 차가운 물을 건너게 되니 걱정이 이만저만이 아니다.

새벽 무렵에 사행단이 도착한 곳이 밀운성 북쪽의 목가곡이다. 일행은 이곳에서 아침밥을 지어 먹는다. 밀운성을 나서 고북구를 통과하는 이 날 하루 동안 연암 박지원은 《열하일기》에 '야출고북구기夜出古北口記'와 '일야구도하기一夜九渡河記'를 남겼다. 사진은 밀운댐의 제당과 담수구역의 모습이다.

목가곡을 지나 고북하를 건널 무렵 마부 창대의 상처가 심해진다. 하는 수 없이 연암 박지원은 창대를 떼어놓고 가기로 한다. 다시 《열하일기》를 읽어본다.

《열하일기》 막북행정록 8월 7일

창대가 이곳에 이르자 통증을 견디지 못하여 부사의 가마에 매달려 울면서 하소연하고 또 서장관에게도 호소하였다. 나는 먼저 고북하에 이르렀으므로 부사와 서장관이 이르러 창대의 딱하고 민망스러운 꼴을 얘기하면서, 나에게 달리 좋은 방안을 생각해 보기를 권하였으나 어떻게 할 수 없었다. 이윽고 창대가 엉금엉금 기다시피 따라왔다. 도중에 말을 얻어 타고 온 모양이다. 곧 돈 200닢과 청심환 다섯 알을 주어

사진 47-2, 3 밀운댐

서 나귀를 세내어 뒤를 따르게 했다.

드디어 냇물을 건넜다. 이 물의 또 하나의 이름은 광형하廣硎河였으니 이곳이 곧 백하의 상류였다. 변방에 이를수록 물살이 더욱 사나우므로 건너기를 다투는 거마들이 모두 옹기종기 서서 배 오기를 기다린다. 제독과 예부의 낭중*이 손수 채찍을 휘두르면서 이미 배에 오른 사람들까지도 몰아쳐 내리게 하고는 우리 일행을 먼저 건너 주게 하였다. 저녁나절에는 석갑성石匣城 밖에서 밥을 지었다. 식사가 끝나자 곧 떠났다. 날은 이미 어두워지기 시작했다. 구불구불한 산길이 거듭되었다.

* **郎中.** 청나라 예부에 소속된 벼슬 이름

다음의 사진은 오늘날 밀운댐 상류에 위치한 석갑촌의 입구에 세워진 표지석이다. 밀운댐은 북경시민의 식수원이기 때문에 상류지역은 모두 상수원보호구역으로서 지정되었다.

그 아래 사진은 석갑에서 남쪽으로 바라본 밀운댐 상류지역의 모습이다. 저 멀리 보이는 수몰지역 언저리에서 연암이 마부 창대를 떼놓고 길을 재촉했으리라 상상해본다.

밀운성을 지나 열하로 가는 길을 재촉하는 조선의 사행단은 조하潮河를 건너기 직전에 고개 위에 서 있는 남천문南天門을 넘어간다. 남천문은 20세기 중반까지도 열하와 북경을 왕래하기 위해서는 반드시 거치던 통로였다. 조선의 사행단 일행도 이곳을 통해 열하와 북경을 왕래했다.

남천문은 1704년(강희 43년) 강희제에 의해 현재의 남천문 터 고갯길 중앙에 작은 문루와 그 동쪽으로 진무전, 관제묘가 세워진 것이 시초다. 건륭제는 그 옆에 관음사를 새로 지었다. 남천문은 20세기 초까지도 그 원형이 유지되었다. 다음

위에서부터
사진 47-4 석갑 표지석
사진 47-5 석갑에서 바라본 밀운댐 상류지역

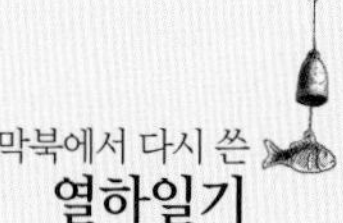

흑백사진은 1906년에 촬영한 남천문의 전경이다.

이후 남천문은 1932년 만주국을 수립한 일본 관동군과 국민당 정부군과의 교전으로 파괴되기 시작했고, 문화대혁명 기간에는 이곳의 기와, 벽돌, 목재 등이 모두 인근 마을로 운반되어 학교 건물을 짓는데 사용되었다. 또 1950년대에는 북경에서 승덕시에 이르는 101번 국도가 남천문을 우회하여 건설되면서 그 옛날부터 북경과 만리장성의 관문 고북구를 이어주던 남천문 고갯길은 이제 시골의 한적한 길로 전락했다. 연암 박지원이 숨 가쁘게 넘어갔던 남천문 고갯길에는 이제 예전의 건물 흔적이 조금 남아있을 뿐이다. 사진은 오늘날 남천문 옛터의 모습이다.

위에서부터
사진 47-6 20세기 초의 남천문
사진 47-7 오늘날의 남천문 고갯길

四十八

하룻밤에 아홉 번 강물을 건너다

1780년 8월 7일 남천문을 나선 조선의 사신들은 다시 조하潮河를 여러 차례 건너 만리장성의 북쪽 관문 고북구古北口에 이른다. 조하는 북방의 산악지대를 휘감고 내려온 상류의 여러 물줄기와 합류한 뒤, 백하와 만나 발해만으로 흘러간다. 이날 밤을 새워 열하로 달려가는 조선의 사행들은 조하를 여러 차례 건넜다. 우선 남천문을 나선 조선의 사행단이 산길을 넘고 조하를 건너 고북구에 이르는 노정을 지도상에 표시해 본다.

1780년 8월 7일 한밤중에 조선의 사신 일행이 조하를 건너는 장면을 ≪열하일기≫에서 읽어본다.

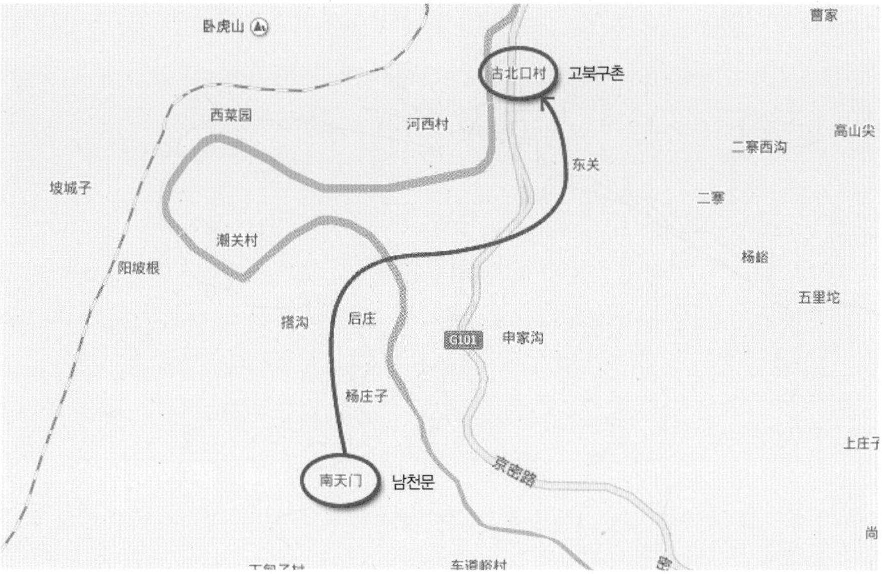

사진 48-1 남천문에서 고북구에 이르는 노정

막북행정록 8월 7일

《열하일기》

물가에 다다르니 길이 끊어지고 강물이 아득히 넓어서 갈 곳을 찾을 수 없는데 다만 네다섯 채의 허물어진 집들이 언덕을 의지하여 서 있다. 제독이 말에서 내려 문을 두드리며 백 번 천 번 거듭 주인을 불렀다. 그제야 주인이 대답하며 문을 나와 자기 집 앞에서 강 건너는 길잡이를 해 주었다. 돈 500닢을 주고 정사의 가마 앞을 인도하게 하여 마침내 물을 건넜다. 한 강물을 아홉 번이나 건너는데 물속에는 돌에 이끼가 끼어 몹시 미끄러웠다. 물이 말 배에 넘실거려 다리를 옹송그리고, 발을 모아 한 손으로 고삐를 잡고 또 한 손으로는 안장을 꽉 잡고 떨어지지 않도록 건넜다. 이제 비로소 말을 다루는 데는 방법이 있음을 깨달았다.

연암 박지원은 이날 한밤중에 조하의 상류를 건너면서 느낀 자기 성찰의 감회를 《열하일기》에 '하룻밤에 아홉 번 강물을 건넌 이야기一夜九渡河記'로 따로 남겼다. 우리에게 너무나도 친숙한 이 명문장을 다시 읽어본다.

《열하일기》 일야구도하기

물이 산골짜기 틈에서 흘러나와 바위와 마주쳐 싸움이 벌어지면, 놀란 파도, 성난 물결, 우는 여울, 흐느끼는 돌이 굽이를 치면서 울부짖는 듯, 고래고래 소리를 치는 듯, 언제나 만리장성을 깨어버릴 듯한 기세이니, 전차 일만 대, 군마 일만 마리, 대포 일만 틀, 쇠북 일만 개로도 그 쿵쾅거리는 소리를 표현할 수 없을 것이다. 모래밭의 큰 바윗돌은 우뚝 서 있고, 강둑의 버드나무 숲은 어두컴컴하여 물귀신, 강 도깨비가 저만큼 튀어나와 사람을 놀리는 듯, 교룡과 이무기가 양쪽에서 서로 붙들어 보겠다고 날뛰는 듯하다. 더러는 말하기를 여기가 옛날 전쟁터이므로 강물이 이렇듯 운다고 한다. 그러나 이유는 그것이 아니다. 물소리란 듣기에 달린 것이다.

내가 사는 연암 산골의 집 문 앞에는 큰 개울이 있어서 해마다 여름철이 되어 소나기가 한번 지나가면 개울물은 갑자기 불어서 언제나 수레 소리, 말 달리는 소리, 대포 소리, 북소리를 내는데 필경에는 아주 귀에 탈이 날 지경이 된다. 나는 언젠가 문을 닫고 누워 들리는 소리의 종류에 따라 사물에 비교해 들어 보았다.

깊숙한 소나무가 내는 퉁소 소리인 듯한 것은 청아한 취미로 들은 탓이요, 산이 찢어지고 절벽이 무너지는 소리인 듯한 것은 분노하는 소리로 들은 것이요, 뭇 개구리가 저마다 우는 소리인 듯한 것은 발칙스럽게 들은 것이요, 수많은 까치가 서로 마주 어울려 깍깍대는 소리인 듯한 것은 성난 소리로 들은 것이요, 벼락이나 천둥소리인 듯한 것은 공포심으로 들은 것이요, 찻물이 보글보글 끓는 소리인 듯한 것은 취미로 들은 것이요, 거문고가 음율에 맞게 내는 소리인 듯한 것은 슬픔으로 들은 것이요, 종이 문창에 문풍지 우는 소리인 듯한 것은 의심스럽게 들은 탓이다. 결국, 무엇이나 올바르게 듣지 못하고 가슴속에 딴생각을 하고 있으면 그것이 귀에서 소리가 되는 것이다. 오늘 나는 한밤중에 강물을 아홉 번이나 건넜다.

내가 아직 요동 땅에 들어서지 않아서 한여름 뙤약볕 아래 길을 가는데, 갑자기 큰 강이 앞을 막아 붉은 흙탕물이 산더미처럼 밀려 끝이 보이지 않았다. 이런 경우는 대체로 천 리 밖에 폭우가 내린 까닭이다.

물을 건널 때는 사람마다 고개를 들고 하늘을 쳐다보는 것을 보고 내 생각으로는 여러 사람이 고개를 젖히고 하늘을 향하여 묵도를 하는가 생각했다. 훨씬 뒤에야 알았지만, 물을 건너는 사람들이 강물이 넘실넘실 빨리 돌아가는 것을 보면 자기 몸은 물을 거슬러 올라가는 것 같고 눈은 강물과 함께 따라 내려가는 것만 같아서 갑자기 빙빙 도는 듯이 현기증이 생기면서 물에 빠진다고 한다. 고개를 젖히고 하늘을 우러러보는 것은 하늘에 기도하는 것이 아니라 물을 피하여 보지 않기 위함이다.

역시 그렇다. 어느 겨를에 경각에 달린 목숨을 위하여 기도할 경황이 있겠는가. 이토록 위험하다 보니 물소리도 미처 듣지 못하는 것이다. 다들 말하기를 요동 벌판은 넓고 평평하기 때문에 물소리가 요란하지 않다고 하지만 이는 물소리의 속성을 모르는 말이다. 요동 땅의 강물들이 물소리를 안 내는 것이 아니라 밤에 건너지 않았던 까닭이다. 낮에는 눈으로 물을 볼 수 있으므로 눈이 무시무시한 위험에 쏠려 눈 가진 것을 걱정해야 할 판인데, 귀에 무엇이 들릴 까닭이 없다. 오늘 나는 밤중에 물을 건너는 지라 눈으로는 위험을 볼 수 없어 듣는 데만 온 정신이 팔려 무서워 부들부들 떨면서 걱정을 놓을 수 없었다.

드디어 오늘에야 이치를 깨달았다. 마음의 눈을 감은 자는 육신의 귀와 눈이 탈이 될 턱이 없으나, 귀와 눈을 믿는 자는 보고 듣는 힘이 밝아져서 더욱 병이 되는 것이다. 오늘 내 마부가 발을 말발굽에 밟혀서 수레에 실려 가니, 나는 하는 수 없이 혼자 말고삐를 잡고 강물에 들어갔다. 무릎을 구부려 발을 모으고 안장 위에 앉았다. 한 번만 삐끗하면 강물 바닥으로 처박힐 처지라 생각하며, 이에 물로 땅을 삼고, 물로 옷을 삼고, 물로 몸을 삼고, 물로 마음을 삼을 것이라 마음먹으니, 그때야 내 귓속에는 물소리가 없어졌다. 아홉 번이나 물을 건너는 데도 마치 의자 위에서 앉고 눕고 일어서는 것처럼 아무렇지도 않았다.

옛날 우禹 임금이 강물을 건널 때 누런 용이 배를 등으로 떠밀어 위험한 고비를 당했으나, 죽고 사는 판단을 마음속으로 결정하고 보니 그 앞에 있는 것이 용이든 지렁이든 크고 작은 것을 비할 바가 없었다.

빛과 소리는 외계로부터 보고 듣는 데 따르는 것이라서 언제나 눈과 귀에 탈이 되어 사람이 똑바로 보고 듣지 못하도록 한다. 사람의 인생사는 늘 험하고 위태롭기가 강물보다 더하니, 보고 듣는 것이 곧 병이 될 것이 아니겠는가?

연암 박지원이 하룻밤에 아홉 번을 건넜다는 조하의 물줄기는 오늘날에도 변함없이 만리장성을 휘감고 흐르고 있다. 장성을 넘어가는 험준한 산악지대의 길은 구불구불하고, 조하는 산맥을 휘감고 흐르기 때문에 오늘날에도 남천문을 지나 고북구에 이르는 길은 여러 차례 조하를 건너야 한다. 다음 사진들은 남천문에서 고북구에 이르기까지 국도를 따라가며 여러 차례 만나는 조하의 오늘날 모습이다.

사진 47-2, 3, 4 오늘날의 조하

四十九
한밤중에 고북구를 나서다

1780년 8월 7일 자정 무렵, 조선의 사행단은 길을 재촉해 만리장성의 북쪽 관문 고북구로 들어간다. 일행은 잠시 고북구 성내에서 쉬다가 이내 다시 열하로 향한다.

8월 7일
막북행정록
《열하일기》

잠시 성안에서 말을 쉬었다. 시장과 거리가 제법 번화하긴 하였으나 집집마다 문이 닫혔으며, 문밖에는 양각등*을 달아 오롱조롱 별빛과 함께 오르내리곤 한다. 때는 이미 밤이 깊었으므로 두루 구경하지 못하고 술을 사서 조금 마시고 곧

나섰다. 어두운 가운데 군졸 수백 명이 나타났다. 이들은 아마 검색하려고 지키고 있는 듯싶다.

세 겹의 관문을 나와서 말에서 내렸다. 장성에 이름을 쓰려고 칼을 뽑아 벽돌 위의 짙은 이끼를 긁어내고 붓과 벼루를 꺼내어 성 밑에 벌여놓고 사방을 살펴보았으나 물을 얻을 길이 없었다. 아까 성내에서 잠시 술 마실 때 몇 잔을 남겨서 안장에 매달아 놓았던 것을 모두 쏟아 밝은 별빛 아래에서 먹을 갈고, 찬 이슬에 붓을 적시어 몇 글자를 썼다. 이때는 봄도 아니요 여름도 아니요 겨울도 아닐뿐더러, 아침도 아니요 낮도 아니요 저녁도 아닌 곧 금신金神이 때를 만난 이 가을에 닭이 울려는 새벽이었으니, 그 어찌 우연한 일이겠는가.

---

* 羊角燈. 양의 뿔을 녹여 종이처럼 얇고 투명한 막으로 겉을 싼 등

조선의 선비가 만리장성을 넘어 북쪽 번방으로 나가보는 일은 거의 불가능했다. 그래서 연암 박지원이 연경을 출발해 고북구의 만리장성을 넘어가며 특별한 감회를 느낀 것은 너무나 당연한 일이었다. 연암은 늦은 밤 만리장성의 성벽에 스스로의 이름을 써 놓고 다시 열하로 떠나는 모습을 '한밤중에 고북구를 나선 이야기夜出古北口記'로 써서 감상으로 남겼다.

야출고북구기 《열하일기》

밤중에 고북구를 빠져나갈 때는 밤이 벌써 삼경*이나 되었다. 겹으로 된 관문을 나와 말을 장성 아래 세우고는 높이를 재어 보니 열길 가량이다. 붓을 꺼내어 술을 부어 먹을 갈고 성벽을 만지며, '건륭 45년 경자년 8월 7일 밤 삼경, 조선

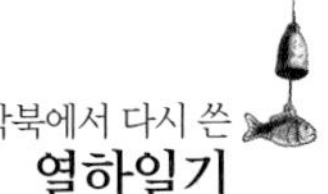

박지원 이곳을 지나다' 라고 써 놓고는 이내 한바탕 웃으면서 혼잣소리로, "나는 서생의 몸으로 백발이 되어서야 장성을 한번 나가 보는구나!" 라고 했다.

우리나라 사람들은 태어나서 늙어 죽을 때까지 좀처럼 국경을 넘어 보지 못했다. 요즈음에 오직 김가재와 내 친구 홍대용이 그래도 중국의 한 모퉁이를 밟아 보았다. 이번에 내가 장성을 빠져나와 막북**까지 가 보는 일은 선배들로서도 아직 한 번도 없었던 일이기 때문에 참으로 다행이라 생각한다. 그러나 한밤중에 노정을 따라 장님 걸음으로 꿈속같이 지나치다 보니, 산천경개와 관문과 요새들이 얼마나 웅장하고 장엄한 모습인지 두루 구경하지 못했다.

유감이 있다면, 붓은 가늘고 먹은 메말라 획을 서까래처럼 굵게 쓰지 못한 것과, 장성의 옛일을 두고 시 한 수를 못 지어 붙인 것이다. 고국으로 돌아가는 날, 동네 사람들이 다투어 술병을 차고 나와서 인사를 하며 열하에의 여정을 물어올 적에는 이 기록을 내보여서 머리를 마주 대고 한번 읽으면서 서로 책상을 치고 좋다고 떠들어 보리라.

* 자정 무렵
** **漠北**, 북쪽 국경 끝, 여기서는 열하

자정 무렵이었기 때문에 연암은 고북구의 모습을 제대로 보지 못하고 장성의 성벽에 자신의 이름을 남기고 떠났다. 이후 8월 17일 낮 연암 박지원이 열하에서 연경으로 가는 길에 다시 이곳을 지나며 고북구의 모습을 자세히 설명했다.

《열하일기》 환연도중록 8월 17일

돌아오는 길에 고북구에 들렀다. 지난번에 관문을 나갈 때에는 마침 밤이 깊어서 두루 구경하지 못하였더니, 이제 대낮이므로 수역과 함께 잠깐 모래톱에 쉬다가 곧 첫째 관문으로 들어섰다. 말 수천 필이 관문이 메우도록 서 있고, 둘째 관문을 들어갔더니 군졸 사오십 명이 칼을 차고 둘러서고 두 사람이 의자를 맞대고 앉았다. 나는 수역과 함께 말에서 내려 조용히 걸었다. 그 둘은 기쁜 얼굴로 앞에 와서 몸을 굽히며 인사하는데, 수비하는 참장參將이라 한다.

점심을 먹고 곧 떠나서 셋째 관문에 들어갔다. 양편 벼랑에 석벽이 깎은 듯이 높이 서 있고, 그 가운데에는 수레 한 대가 지나칠 수 있게 되었으며, 아래에는 깊은 시내와 커다란 바위가 여러 겹으로 쌓여 있다.

고북구성 북방에는 명나라 시대에 구축한 와호산장성臥虎山長城과 반룡산장성蟠龍山長城이 외곽에 배치되어 북방 유목민의 침략을 방지하는 난공불락의 최전방 요새의 방벽으로서의 역할을 했다. 연암 박지원은 장성의 모습을 '산의 능선을 따라 성벽을 축성해서 성벽이 올라갔다 내려갔다 하고, 능선을 따라 구불구불하다. 요충지에는 방어용 망루를 만들었는데, 높이는 예닐곱 길이고, 폭은 열네댓 발이 된다. 사오십 보마다 망루를 설치했고, 완만한 곳에는 이백 보에 망루를 설치했다'고 설명했다. 다음의 사진은 고북구 관문의 북쪽에 남아있는 반룡산장성의 오늘날 모습이다.

오늘날의 고북구에는 국도를 새로 개통하고 성벽 아래를 흐르는 조하에 사방공사를 하면서 많은 성벽이 많이 훼손되었지만, 그 옛날 제1 방어선을 이루고 있는 형세는 그대로 남아있다.

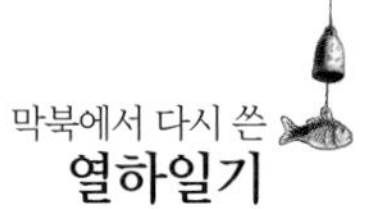

사진 49-1 고북구의 반룡산장성

연경에서 열하를 향해 가는 길에 고북구성으로 입성하기 위해 거치는 남쪽 제1 관문은 반룡산장성의 성벽을 따라 구축되어 있다. 연암은 열하에서 북경으로 돌아가던 8월 17일 이곳을 지나가며 '양편 벼랑에 석벽이 깎은 듯이 높이 서 있고, 그 가운데에는 수레 한 대가 지나칠 수 있게 되었으며, 아래에는 깊은 시내와 커다란 바위가 여러 겹으로 쌓여 있다'고 《열하일기》에서 설명했다.

다음의 사진에서 보는 제1 관문은 근세에 완전히 파괴되었다가 2014년 가을 방문했을 때는 한창 복원 중이었다. 아래의 사진은 고북구 성벽을 따라 솟아있는 반룡산에 올라가 촬영한 고북구촌의 모습이다. 마을의 앞에는 조하가 흐르고 있

위에서부터
사진 49-2 고북구 제1 관문
사진 49-3 고북구촌의 오늘날 모습

으며, 맞은편으로는 와호산장성이 펼쳐져 있다. 남쪽(사진의 왼쪽)의 제1 관문을 통과한 조선의 사행단은 오늘날의 국도를 따라 북쪽(사진의 오른쪽)의 관문을 지나 열하로 향했다.

다음 사진은 고북구 북쪽 관문의 흔적이다. 아마 이 어딘가에서 연암이 술을 벼루에 부어 먹을 갈았을 것이다. 그는 또 이끼를 긁어내고 성벽을 어루만지며 '건륭 45년 경자년 8월 7일 밤 삼경, 조선 박지원 이곳을 지나다'라고 쓰고는 말을 타고 열하로 떠났다.

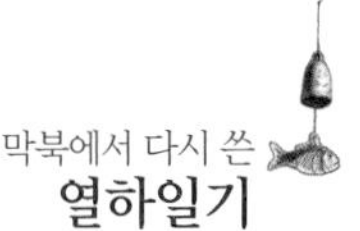

사진 49-4 고북구 북쪽 관문의 흔적

군사방어선인 만리장성은 한편으로 유목민족과 농경민족의 생산양식에 따른 경제활동 분계선이기도 했다. 장성은 남방의 농경민족이 북방 유목민에 대항하는 방어선이었지만 유목민족이든 농경민족이든 공히 남방의 식량, 공산품과 북방의 가축, 모피, 약재 등을 교역할 필요성이 컸다. 그래서 평화가 지속될 때는 장성의 관문들이 교역의 통로가 되었으나, 생존여건이 열악한 유목민족이 약탈전쟁을 감행할 경우 장성의 관문은 극렬한 전쟁터로 변하곤 했다. 그래서 이곳 고북구는 전쟁의 상처를 가장 많이 입은 관문이기도 했다.

청나라가 중원을 지배하면서 중국의 영토는 만리장성 북방으로 크게 확장되었다. 연암이 고북구를 지날 무렵에도 만리장성은 중국의 영토 내의 성벽에 불과하여 군사기지로서의 역할을 할 뿐이고, 최전방 요새의 역할은 완전히 상실했다. 따라서 만리장성의 북쪽 관문인 고북구 역시 평화로운 성내 마을에 불과했다. 연암은 오랜 전쟁터였던 고북구에 평화가 감도는 모습을 보면서도 그 나름의 상념을 띄운다.

대개 이 관문은 천고의 전쟁을 치른 마당이므로, 천하가 한 번 어지러우면 곧 백골이 산처럼 포개어지게 되니, 이야말로 이른바 호북구였다. 이제 태평이 계속된 지 100여 년이나 되어서 관문 내에서 병마의 어지러움을 보지 못하였으며 삼과 뽕나무가 빽빽이 서 있으며, 개와 닭 울음이 멀리 들리니, 이 같이 풍족한 시대는 한·당 이후로는 일찍이 보지 못한 일이었다. 도대체 청나라는 무슨 덕을 베풀었기에 이 경지에 이르렀을까.

그러나 높음이 극도에 달하면 반드시 허물어짐은 하늘의 이치이라. 이곳 백성이 전쟁을 치르지 않은 지가 오래되었으니 앞으로 땅이 무너지고 꺼질 일이 또 걱정이 아닐 수 없구나.

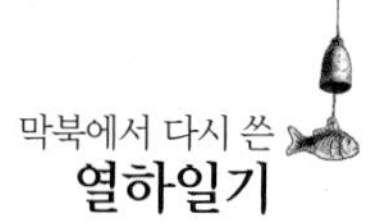

중국 역사상 최고 융성기를 구가하던 건륭제 시대가 지나고 도광제, 광서제, 함풍제 시대를 겪으며 청나라는 극도의 혼란상태에 빠진다. 급기야 중일전쟁으로 중국 대륙의 전역이 일본과의 전쟁터로 변하였고, 1936년 일본 제국주의의 괴뢰국인 만주국이 수립되자 고북구성은 남천문을 경계로 국민당 군대와 대치하던 일본군의 최전방 군사기지로 변했다.

아래의 사진은 중일전쟁 당시 고북구 성에 진입하는 일본군의 모습이다. "이곳 백성이 전쟁을 치르지 않은 지가 오래되었으니 앞으로 땅이 무너지고 꺼질 일이 또 걱정이 아닐 수 없구나"라고 한 연암의 상념이 150년 후에 현실이 되고 만 것이다.

사진 49-5 고북구 관문에 입성하는 일본관동군

五十

삼간방에서 마부 창대를 다시 만나다

고북구 관문을 통과한 조선의 사행단은 1780년 8월 8일 새벽 반간방半間房이라는 곳에 이르러 아침을 지어먹고 다시 길을 재촉하여 삼간방三間房에 이르러 잠시 쉰다. 이곳에서 고북하를 건너며 떼어 놓았던 마부 창대를 다시 만난다. 한편 열하에서 돌아오던 8월 17일에는 마권자馬圈子에서 새벽길을 떠나 삼간방에서 아침밥을 지어먹었는데, 이날 삼간방의 관제묘에서 건륭제의 친조카인 예왕豫王을 만난다.

오늘날 삼간방은 그대로 삼간방으로 남아있다. 이제 고북구를 나와 삼간방에 이르는 노정을 지도상에 표시해 본다.

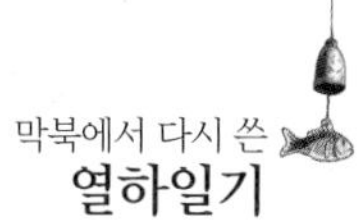

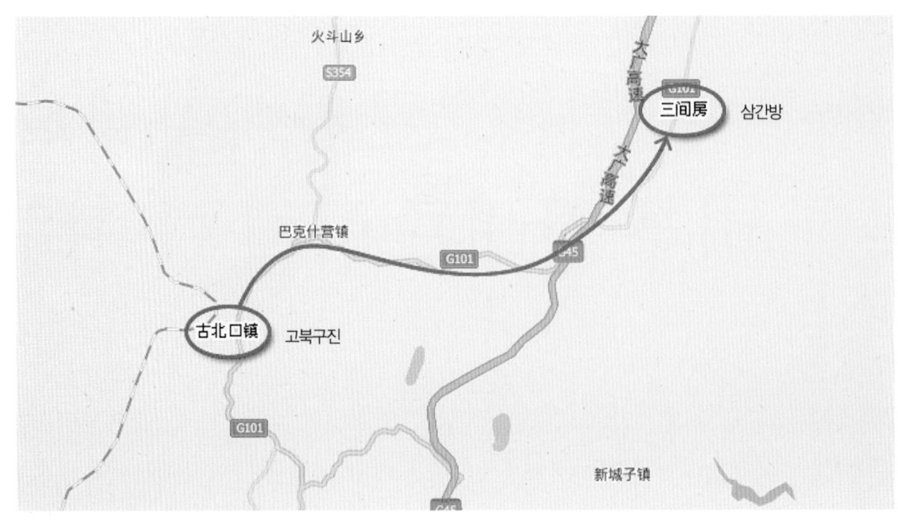

사진 50-1 고북구진에서 삼간방까지의 노정

연암 박지원이 삼간방에서 잠시 쉬던 중 마부 창대를 다시 만나는 장면을 《열하일기》에서 읽어본다.

막북행정록 8월 8일
《열하일기》

새벽에 반간방에서 밥 지어 먹고, 삼간방에서 잠깐 쉬고 있었다. 별안간 창대가 말 앞에 나타나 절한다. 몹시 반가웠다. 창대에게 그간의 경위를 들었다.

창대 혼자 뒤떨어져 고개 위에서 통곡하자 그곳을 지나던 부사와 서장관이 측은히 여겨 주방에게 "혹시 짐이 가벼운 수레에 태울 수 있겠느냐?"라고 물었으나 모두 거절하므로 그냥 지나쳤다. 그 뒤에 제독이 지나가자 창대가 더욱 서럽게 울부짖었다. 제독이 말에서 내려 위로하고 지나가는 수레를 세내어 타고 오게 했다. 어제는 입맛이 없어 먹지 못하였더니 제독이 친히 먹기를 권하였고, 오늘은 제독이 자신의 나귀를 창대에게 내주었다. 그 나귀가 매우 날쌔어 귓가에 바람 소리가 쌩쌩 들릴 정도로 빨리 달려 뒤따라왔다는 것이다.

나는 "제독의 나귀는 어디다 두었느냐?"라고 물었다. 이에 창대가 "제독이 저더러 이르기를, '네가 먼저 나귀를 타고 가서 주인어른을 따라가되 만일 길에서 내리고 싶거든 지나가는 수레 뒤에 나귀를 매어 두거라. 그러면 내가 뒤에 가면서 찾을 테니 염려 말라' 라고 했습니다. 그리하여 삽시간에 50리를 달려왔는데, 고개 위에서 보니 연경으로 가는 수레 수십 대가 지나가기에 나귀에서 내려 맨 나중 수레 뒤에 매어 주었습니다. 수레를 몰고 가는 마부가 연유를 묻기에, 멀리 고개 남쪽 지나온 길을 가리켜 보였더니 그가 웃으면서 고개를 끄덕거렸습니다"라고 한다.

제독의 마음씨가 매우 아름다우니 고마운 일이다. 그의 벼슬은 홍려시소경鴻臚寺少卿이요, 품계는 정4품 중헌대부中憲大夫이며, 나이는 이미 60살에 가까웠다. 그의 직책이 우리 일행을 보호하는 것임을 감안하더라도, 외국의 보잘것없는 마부를 위해 이토록 극진한 마음씨를 보이는 것은 가히 대국의 풍모를 보여주는 것으로 생각한다. 이제 창대의 발병이 조금 나아서 말고삐를 잡고 갈 수 있게 되어 다행이다.

한편 조선의 사행단은 열하에서 돌아오던 8월 17일에는 삼간방에서 아침을 지어먹는다. 연암은 이곳 삼간방의 관제묘에서 우연히 건륭제의 친조카인 예왕豫王을 만난다. 이미 전날인 8월 16일 오후에 황포령黃鋪嶺을 지나며 화려한 복장을 하고 삼십여 명의 시종을 거느리고 번개처럼 지나가던 예왕 일행을 만난 적이 있는데, 이날 예왕을 삼간방의 관제묘에서 우연히 다시 만난 것이다.

《열하일기》 환연도중록 8월 17일

삼간방에서 아침을 먹으려고 우리 일행이 가게에 들렀는데, 어제 길에서 만난 예왕이 관제묘로 들어갔다. 그곳은 우리가 들어간 가게와는 위아래 이웃이다. 예왕의 수행원들은 모두 다른 가게로 이리저리 흩어져 떡, 고기, 술, 차를 사서 먹었다.

내가 무심코 관제묘를 구경하려고 천천히 걸어 들어갔더니 문에는 지키는 사람도 없고 뜰 안에는 물을 끼얹은 듯 아무도 없이 조용했다. 나는 그곳에 예왕이 머물고 있는 줄은 모르고 있었다. 뜰 안에는 석류가 주렁주렁 달려있고, 키 작은 소나무에는 용이 서려있는 듯이 꿈틀꿈틀 한다.

이리저리 구경하다가 섬돌을 밟고 마루에 오르려는데, 아름다운 청년이 변발한 머리로 문밖으로 나오더니 나를 보자 웃으며 "신쿠辛苦"라고 하며 맞이한다. 그 말은 대체로 나를 위로하는 뜻이다. 나는 "하오아好阿"라고 대답했는데 이는 곧 사람들의 안부를 묻는 인사의 말이다.

그 청년이 모자를 벗고 사복을 입었으므로, 처음에는 그가 주지승이 아닌가 생각했는데 상세히 살펴본즉 그가 곧 예왕인 듯했다. 나는 그래도 아는 척하지 않았고 그도 역시 교만하거나 고귀한 척하지 않았으나 얼굴빛이 붉은빛이어서 아침 술을 많이 마셨음을 짐작할 수 있었다. 그가 손수 술 두 잔을 따라서 나에게 권하므로 연거푸 두 잔을 기울였다.

오늘날의 삼간방은 고북구에서 승덕시를 향해 20km 정도 북동쪽으로 떨어진 국도변에 위치한 마을이다.

사진은 삼간방 마을 입구의 모습이다. 이 언저리에서 연암이 마부 창대를 만나 기뻐했을 모습이 그려진다. 마을 안길을 따라 들어가면 관제묘가 나오는데, 조선

사진 50-2 오늘날의 삼간방

사진 50-3 삼간방 마을의 사람들

의 사행단도 이 길을 달려갔고, 건륭제도 이 길을 따라 열하로 향해 갔다.

연암 박지원이 예왕을 만났던 삼간방의 관제묘는 오늘날에는 흔적만이 남아있을 뿐이다. 이곳 삼간방의 관제묘는 중국 전통의 가옥인 사합원四合院의 구조로 되어 있었는데 문화대혁명을 거치며 완전히 파괴되었다고 한다. 파괴된 관제묘의 일부 부지는 초등학교가 들어섰다가 그 학교마저 폐교되어 이제는 마을회관으로 사용되고 있다.

이제 관제묘 정원에 있던 주렁주렁 석류가 달려 있던 석류나무와 용이 서려있는 것처럼 보였던 아름다운 소나무도 사라졌다. 오른쪽 사진은 관제묘 옛터 앞에 모여 쉬고 있는 삼간방 주민들의 모습이다. 이들은 그 옛적의 관제묘를 정확히 기억하고 있었다.

다음 사진은 관제묘로 올라가던 계단과 관제묘 자리에 들어선 마을회관의 오늘날 모습이다. 연암을 비롯한 조선의 사행단이 들어가 아침을 먹었을 듯한 관제묘 바로 아랫집은 마당에 옥수수가 자라는 폐가로 덩그러니 남아있다.

위에서부터
사진 50-4 관제묘의 계단
사진 50-5 관제묘 옛터에 자리 잡은 마을회관
사진 50-6 관제묘 옛터 이웃의 폐가

五十一

삼도량을 지나 화유구에 이르다

1780년 8월 8일, 연암을 비롯한 조선의 사신 일행은 이른 아침에 삼간방에서 쉬었다가 삼도량三道粱과 왕가영王家營을 지나 화유구樺楡溝에 이르러 그곳의 역참에서 숙박한다. 오늘날에도 삼도량은 삼도량촌三道粱村이고, 왕가영은 왕영자촌王營子村, 화유구는 화육구촌化育沟村으로 남아있다. 중국어로 育은 유(yù)로 발음하기 때문에 연암이 화육구의 지명을 화유구로 알아들은 것으로 보인다. 삼간방을 지나 삼도량촌, 왕영자촌과 화육구촌에까지 이르는 노정을 지도상에 표시해본다.

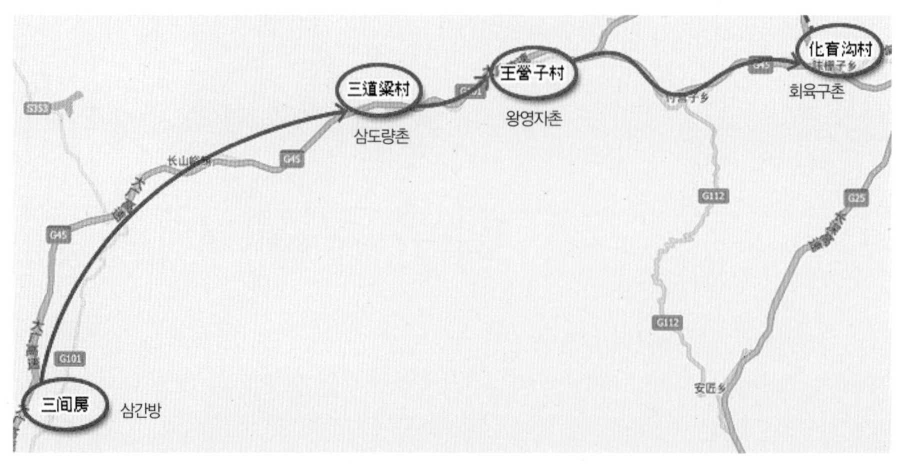

사진 51-1 삼간방에서 화육구촌에 이르는 여정

1780년 8월 8일 오후에 조선의 사행단은 삼도량을 지난다. 이곳에서 연암은 공물을 싣고 열하로 달려가는 수레의 행렬을 설명하고, 포효하는 호랑이에 대항하여 사람들이 함성을 지르는 풍경을 묘사하고 있다. 열하에 가까워지면서 황제에게 바치는 진상품이 모여드는 현장을 지나는 것이다. 이 장면은 별도로 만국진공기萬國進貢記로 남아있다.

《열하일기》 막북행정록 8월 8일

삼도량에서 잠시 쉬다가 합라하哈喇河를 건너, 황혼 무렵에는 큰 고개를 하나 넘었다. 열하를 향해 공물을 싣고 수많은 수레가 먼저 가려고 달린다. 나는 서장관과 말고삐를 나란히 하며 가는데, 산골짜기 안에서 갑자기 으르렁거리는 호랑이 소리가 두서너 번 들린다. 수많은 수레가 일제히 멈추고 사람들이 함께 함성을 질러 대니 소리가 천지를 진동한다. 참으로 굉장하도다.

오늘날의 삼도량촌은 101국도변에 있는 제법 큰 마을이다. 아래 사진은 101번 국도에서 왼쪽으로 갈라지는 삼도량촌 입구의 모습이다. 예전에는 아치형 강철구조물이 서 있었는데 최근에는 화강석으로 만든 석재 구조물을 세웠다. 다음 사진은 삼도량촌의 오늘날 모습이다. 연암과 조선의 사행단 일행도 마을을 지나가는 이 길을 따라 열하에 이르렀다.

삼도량을 지나면 험준한 산악지대가 열하까지 이어진다. 그래서 연암이 이곳을 지날 무렵에는 산이 깊은 이곳에 호랑이들이 많이 살았던 것 같다. 〈51-4〉는 삼도량을 지나면서 나타나는 험준한 산악지대의 모습이다.

삼도량을 지난 조선의 사행단은 왕가영을 지나간다. 《열하일기》에는 8월 16일 열하에서 북경으로 돌아오면서 왕가영에서 점심을 먹은 것으로 기록하고 있다. 왕가영에는 건륭제 시대에 건립된 행궁이 있었다고 전해진다. 왕가영은 오늘날의 왕영자촌이다. 〈51-5〉는 오늘날 왕영자촌 마을 입구의 모습이다.

사진 51-2 삼도량촌 입구

위에서부터
사진 51-3 삼도량촌의 오늘날 모습
사진 51-4 삼도량을 지나면 나타나는 험준한 산악지대

왕영자촌의 마을 중심에는 '왕영자양유식품참王營子糧油食品站'이라는 양곡 창고가 있다. 이곳은 건륭제 시대의 행궁터라고 전해진다. 아래 사진은 왕영자양유식품참의 양곡 창고의 모습이다.

조선의 사행단 일행이 삼도량을 지나갈 무렵은 이미 며칠째 밤낮을 가리지 않고 열하로 달려가는 중이었다. 연암을 비롯한 조선의 사행단 일행은 모두 기진맥진한 상태였다. 당시의 힘겨운 여정을 읽어본다.

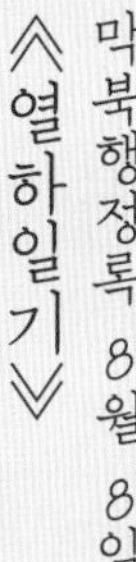

이곳에 이르기까지 나흘 밤낮을 꼬박 눈을 붙이지 못하여 하인들이 가다가 발길을 멈추면 모두 서서 조는 것이다. 나 역시 졸음을 이길 수 없어, 눈시울이 구름장처럼 무겁고 하품이 조수 밀리듯 한다. 눈을 뻔히 뜨고 있으면서도 벌써 이상한 꿈에 잠기고, 남더러 말에서 떨어질라 일깨워 주면서도 나 자신은 안장에서 기울어진다. 포근포근 잠이 엉기고 아롱아롱 꿈이 짙을 때는 지극한 즐거움이 그 사이에 스며있는 듯하다.

사진 51-5 왕영자촌 입구

사진 51-6 왕영자촌의 행궁터였던 양곡 창고

사행단의 일행에 다시 합류한 마부 창대는 연암의 말고삐를 잡고 걸어가면서도 잠꼬대를 한다. 이에 연암은 몹시 쇠약해진 창대를 말에 태우고 가도록 하고 자신은 걸어가서 숙소에 도착한다. 역참에 도착한 것은 늦은 밤이었다. 연암은 몹시 피곤해 청심환 하나를 소주와 바꿔 마시고 취하여 쓰러지듯 잠자리에 든다.

이날 연암 박지원은 열하에 입성하기 전날의 역참이 있던 곳이 화유구라고 적었다. 화유구는 오늘날의 화육구촌으로 북경에서 승덕시에 이르는 101번 국도변에 있는 자그마한 마을이다. 국도변에서 약간 낮아지는 곳으로 학교와 파출소, 촌민위원회 등의 건물이 산재해 있다. 다음 사진은 화육구촌 입구의 모습이다. 마을로 들어가는 골목에 '화육구촌은 당신을 환영합니다'라는 글씨가 벽에 쓰여 있다. 연암은 8월 8일 한밤중에 숙소에 도착했을 때 민가와 시장이 매우 번화하고, 행궁이 있었다고 적고 있다. 또 피곤한 나머지 음식도 제대로 먹지 못하고 술을 마시고 쓰러지듯 잠에 빠졌으며, 숙소의 이름도 잊어버렸다고 적고 있다.

오늘날 화육구촌에는 시장이나 상가의 흔적도 없고, 행궁도 없다. 화육구촌이 전형적인 한적한 시골마을이기 때문에 도시개발로 인하여 과거의 흔적이 지워졌을 리도 없다.

연암이 또 다음날 아침 숙소에서 나와 곧장 행궁 앞으로 가서 난하를 건너는 것으로 기록한 것으로 봐서 연암 일행이 8월 8일 묵은 곳은 화유구가 아니라 하둔, 즉 현재의 난하진일 것으로 보인다. 뒤에 설명하겠지만, 당시 열하에 이르기 전에 행궁이 있던 곳은 하둔이었기 때문이다.

사진 51-7 화육구촌 입구

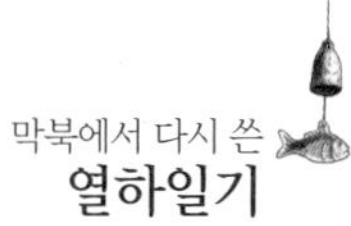

五十二

난하를 건너 드디어 열하에 도착하다

1780년 8월 9일은 황제가 조칙으로 조선의 사신들이 열하에 도착하는 기한으로 정한 날이다. 황제의 명령을 거역하였다면 조선의 사신들은 어떤 운명에 처해졌을까? 건륭제의 노여움을 사 형벌을 받거나, 귀국 후 조선 조정에서 탄핵당해 목숨을 잃을 수도 있었다. 그래서 조선의 사행단은 새벽닭이 울 무렵에 이미 숙소를 출발해 열하를 향해 달려갔다. 이날 사행단은 난하灤河를 건너 쌍탑산雙塔山을 지나 오전 중에 열하의 태학太學에 도착한다.

난하와 쌍탑산은 오늘날에도 난하와 쌍탑산으로 불린다. 한편 열하는 오늘날의 승덕시承德市이다. 이제 화육구촌에서 난하를 건너 승덕시에 이르는 노정을

사진 52-1 화육구촌에서 승덕시에 이르는 노정

지도상에 표시해 본다.

8월 9일 새벽에 역참을 출발한 연암 일행이 곧바로 난하를 건너는 장면을 《열하일기》에서 읽어본다.

8월 9일
막북행정록
《열하일기》

닭이 울 무렵에 먼저 출발해 수역과 동행했다. 수역이 오는 사람마다 붙들고 난하의 사정을 물어보니 모두 6, 7일은 기다려야 건널 수 있을 것이라 한다. 강가에 도착하니 수레와 말이 수천수만을 헤아릴 정도로 구름처럼 모였고, 물길은 넓고 물살은 소용돌이치며 흘러 행궁 앞이 제일 거세다.

강에는 겨우 작은 배 너덧 척이 있었다. 건널 사람은 많고 배는 작으므로 건너기 어려운 것은 당연하다. 말 탄 사람들은 모두 얕은 물길을 따라 건너지만, 수레는 그리할 수 없다. 결국, 모자에 푸른 깃털을 꽂은 사람이 언덕 위에 서서 채찍을 들어 지휘하며 우리 일행을 먼저 건너게 했다. 비록 짐짝에다 '진공進貢'이니 황제가 사용한다는 뜻의 '상용上用'이니 하는 글자를 쓴 기를 꽂았더라도 먼저 건너지 못하게 했다. 혹시 관원이 먼저 배에 뛰어들더라도 채찍으로 몰아내 버렸다. 그는 행재낭중行在郎中으로서 황제의 명을 받들어 이 강을 건너는 일을 점검하는 것이다.

난하는 황제의 명을 받들어 열하로 달려가는 조선의 사신이 마지막으로 건너야 할 강이었다. 다행히 청나라 황제의 명을 받은 행재낭중의 도움을 받아 최우선으로 난하를 건넌다. 당시 난하를 건너던 곳은 하둔河屯 즉 오늘날의 난하진灤河鎭이었다. 하둔에는 객라하둔행궁喀喇河屯行宮이 자리하고 있었다.

객라하둔행궁은 청나라 강희제가 1701년(강희 40년)에 건설을 시작해 1704년에 완성한 만리장성 너머에 최초로 건설한 행궁이었다. '객라喀喇'란 몽골어를 음역한 것으로서 '까마귀성烏城'을 뜻한다. 이 행궁은 민국시대를 거치면서 거의 파괴되었다. 지금은 승덕철강에서 세운 승강의원이 들어서는 바람에 행궁은 자취도 없이 사라졌고 단지 난하진의 하부행정구역인 행궁사구行宮社區라는 이름에만 어렴풋이 옛날의 영화가 남아있을 뿐이다. 다음 사진은 오늘날 객라하둔행궁 옛터에 들어선 승강의원의 모습이다.

연암 일행은 행궁 앞에서 강을 건넜다. 이제 난하는 승덕시의 상수원과 난하진에 있는 화력발전소와 제철소의 산업용수로 쓰이는 바람에 수량이 급격히 줄어들었다. 행궁이 있던 아름다운 강은 바닥을 드러내고 있다. 사진은 연암이 하둔에서 건넜던 난하의 오늘날 모습이다.

위에서부터
사진 52-2 승강의원
사진 52-3 난하

난하를 건넌 조선의 사행단은 얼마지 않아 청나라 황제가 보낸 환관을 만났다. 그들은 사행단의 정확한 도착시각을 알아보고 황제에게 보고하려는 것이었다. 이어 연암 박지원은 쌍탑산雙塔山을 지나며 그 모습을 설명한다.

산모퉁이를 돌아서니 언덕 위에 돌을 깎아 세운 듯이 봉우리가 탑처럼 마주 서 있다. 그 모습은 하늘이 재주를 피운 듯 기이하고 교묘하다. 그 높이는 백여 길이나 되며 쌍탑산이라고 부른다.

연암은 8월 15일 열하를 출발해 연경으로 떠나면서 다시 쌍탑산을 지난다.

《열하일기》 환연도중록 8월 15일

쌍탑산에 이르렀다. 말을 세우고 바라보니 정말 기이하고 절묘하게 생겼다. 바위의 표면과 색깔은 우리나라 동선관洞仙館의 사인암舍人巖과 닮았고, 높이 솟은 탑의 모양은 금강산의 증명탑證明塔과 같다. 아래위로 넓이가 똑같아서 무엇에 의지하거나 기대지도 않고, 우뚝 솟아 서로 마주 보며 치우치거나 기울지도 않고, 단정하고 엄숙하며, 햇살과 구름의 기운이 마치 비단처럼 찬란할 뿐이다.

사진은 연암이 걸어간 승덕시 쌍난구双滦區의 쌍탑산공원 입구에서 촬영한 쌍탑산의 모습이다. 쌍탑산은 높이가 88m나 되는 암석 봉우리이다. 양쪽 산의 정상에는 1,300여 년 전 거란족이 세운 탑이 우뚝 솟아있다.

사진 52-4 쌍탑산

조선의 사신 일행이 쌍탑산을 지나 열하성으로 들어가면 곧바로 멀리서 경추산磬捶山이 눈에 들어온다. 다시 《열하일기》를 읽어본다.

> 바로 서쪽에 봉추산捧捶山의 한 봉우리가 우뚝 솟았는데, 마치 다듬잇돌과 방망이를 세워놓은 것 같다. 높이는 백여 길이며, 꼿꼿이 하늘을 지탱하며 비스듬히 석양을 받아 찬란한 금빛을 받고 있다. 강희황제가 산의 이름을 '경추산'이라 고쳤다 한다.

사진은 오늘날의 경추산의 모습이다. 경추산은 해발 596m에 위치하며 옥황상제의 엄지손가락이라는 전설이 있다.

1780년 8월 9일 오전에 드디어 연암을 비롯한 조선의 사행단이 열하에 도착했다. 6월 24일 압록강을 건넌지 45일 만에 황제가 명한 기한에 맞추어 열하에 도착한 것이다. 연암은 담담하게 열하성의 모습을 설명하는 것으로 열하에 도착한 감흥을 대신한다.

사진 52-5 경추산

사진 52-6 가요문으로 쌓은 열하의 성벽

며칠 동안 산골길을 다니다가 열하에 들어서니, 궁궐은 장엄하고 화려하다. 좌우 10리에 걸쳐 점포가 뻗쳤으니 실로 변방 북쪽의 큰 도회지이다.

열하성熱河城은 높이가 세 길이 넘고 둘레는 30리이다. 강희 52년에 돌을 섞어서 얼음이 깨진 무늬로 쌓으니 이른바 가요문哥窰紋이었다. 민가의 담장도 모두 이렇게 쌓았다. 성 위에는 성가퀴를 쌓았으나 민가의 담과 별 차이가 없으며 지나오면서 본 여러 고을의 성곽보다 못했다.

사진은 열하의 피서산장 성벽의 모습이다. 벽돌로 쌓은 만리장성이나 연경의 성벽과 달리 열하의 성벽은 얼음이 깨진 무늬를 의미하는 가요문哥窰紋으로 쌓았다. 청나라 시대의 성벽은 가요문으로 만든 것이 여러 곳에 나타나는데 대표적인 것이 북경의 원명원 성벽이다.

1780년 8월 9일 사시(오전 10시경) 연암과 조선의 사행단이 열하의 숙소에 도착한다. 황제가 정해준 숙소는 문묘文廟에 부속된 명륜당이었다. 당시 열하의 문묘는 열하에 온 귀빈들을 위해 서쪽 구역에 위치한 명륜당 건물을 숙소로 제공하고 있었다. 조선의 사신 일행이 도착했을 때는 연경과 중국 각지에서 온 관리들도 명륜당에 머무르고 있었다.

우리가 묵을 태학은 지난해에 새로 지었는데 그 양식은 연경에 있는 것과 같다. 대성전과 대성문은 모두 겹처마에 누런 유리기와를 얹었으며, 명륜당은 대성전 오른쪽 담 밖에 있다. 명륜당 앞에는 일수재日修齋, 시습재時習齋, 오른쪽에는 진덕재進德齋와 수업재修業齋라고 편액이 붙은 전각이 있다. 명륜당 뒤에는 벽돌을 깐 큰 대청이 있고, 좌우에는 작은 재실이 있어 오른쪽 방은 정사, 왼쪽 방은 부사가 들었다.

서장관은 앞 누각의 별실에 들고, 비장과 역관들은 한 재실에 모두 들었으며 주방 사람들은 진덕재에 나누어 들었다. 대성전 뒤와 그 좌우에 별당과 재실들이 이루 기록할 수 없을 정도로 많은데 화려하기 그지없었다. 다만 우리 주방 사람들이 연기를 피워 많이 그슬리고 더럽혀졌으니 애석한 일이 아닐 수 없다.

열하문묘는 중국문화의 수호자를 자처한 건륭제의 명으로 1776년에 짓기 시작해 연암 박지원이 열하에 도착하기 전해인 1779년에 준공되었다. 건륭제는 재위기간 중 17회에 걸쳐 열하의 문묘에서 제사를 지내고 분향했다. 1910년대에 들어와 문묘가 훼손되기 시작하며 초등학교가 들어섰고, 1930년대에는 여자사범학교로 바뀌었다. 이후 최근까지는 '승덕제1중학교'가 들어와 있었다.

이제 열하문묘는 새로 복원되었고, 명륜당의 건물도 복원되었다. 다음 사진은 연암을 비롯한 조선의 사신들이 숙소로 사용한 명륜당을 복원한 모습이다.

연암은 열하에서의 첫날을 맞이하며 벅찬 감흥을 느낀다. 피로가 극에 달했음에도 설렘으로 잠을 이루지 못하는 것이다. 이제 그의 감흥을 읽어본다.

사진 52-7,8 열하문묘의 명륜당

때마침 달빛이 뜰에 가득하고, 담 너머 장군부將軍府에서는 이미 초경初更* 넉 점을 치는 야경 소리가 사방으로 울린다. 정사의 방으로 들어가니 비복들은 장막 밖에서 곯아떨어졌고, 정사도 이미 잠이 든 모양이다. 짧은 병풍 하나를 두고 나의 잠자리를 보아 놓았다. 상하가 닷새 밤을 꼬박 새운 끝이므로 이제 깊이 잠든 것이다.

정사 머리맡에 술병 둘이 있기에 흔들어 보니, 한 병은 술이 남아있었다. 달이 이처럼 밝은데 어찌 마시지 않겠는가. 가만히 잔에 가득 부어 마시고는 촛불을 끄고 방에서 나왔다. 뜰 가운데 홀로 서서 밝은 달빛을 쳐다보고 있노라니, 할할하는 소리가 담 밖에서 들린다. 장군부에서 낙타가 우는 소리이다.

명륜당으로 나왔다. 제독과 통관의 무리가 탁자를 마주 붙여놓고 그 위에서 자고 있다. 비록 되놈이기로 무식함이 너무 심하다. 그들이 누워 자는 자리는 성현들에게 제사를 올릴 때 쓰는 탁자인데, 어찌 감히 그 위에 누워 잘 수 있는가. 그 탁자들은 모두 붉은 칠을 하였는데 백여 개가 있었다.

오른쪽 행랑으로 들어가니 역관 세 명과 비장 네 명이 한방에서 자고 있다. 서로 목을 끌어안고 다리를 걸치고서 자는데 아랫도리를 가리지도 않았다. 모두 우레같이 코를 고는데, 호리병이 기울어져 물이 '쪼르르' 흐르는 소리도 내고, 톱질을 하다 톱니가 나무에 먹혀 '삑삑' 하는 소리도 내고, '쯧쯧' 하며 남을 나무라는 소리도 내고, '쩝쩝' 하며 원망을 삼키는 소리를 내기도 한다. 만 리 길을 함께 고생하며 함께 먹고 함께 자면서 왔으니, 쌓인 정분은 생사조차 함께할 형제 관계가 되었을 터인데도, 같은 침상에 자면서도 꿈은 서로 달리 꾸면서 서로의 속생각은 초楚와 월越의 관계인가 보다.

담뱃불을 붙이고 나오니, 개 소리가 표범 소리처럼 장군부에서 들려온다. 야경을 치는 소리는 깊은 산중 접동새 소리 같다. 뜰 가운데를 거닐며, 혹은 달려도 보고 혹은 발자국을 크게 떼어 보기도 해서 그림자를 서로 희롱했다. 명륜당 뒤의 늙은 나무들은 그늘이 짙고, 서늘한 이슬이 송알송알 맺혀서 잎사귀마다 구슬을 드리운 듯 달빛이 어리었다. 담장 밖에서 또 삼경을 알리는 두 점을 쳤다.

아! 애석하구나. 이 좋은 달밤에 함께 구경할 사람이 없으니! 하기야 이런 때에는 어찌 우리 일행만이 모두 잠들었으랴. 도독부의 장군도 그러하리라. 나도 곧 방에 들어가니 쓰러지듯이 베개에 머리가 저절로 닿았다.

* 밤 8시경

연암은 정사와 함께 명륜당 뒤의 대청 오른쪽 방에 머물렀다. 사진은 연암 박지원이 정사 박명원과 함께 숙소로 사용했던 건물을 복원한 모습이다.

사진 52-9 연암 박지원이 숙소로 묵었던 명륜당의 재실 건물

태학유관록

太學留館錄

열하의 태학에서 머문 6일간의 기록

(1780년 8월 9일 ~ 8월 14일)

五十三

피서산장에서 건륭제를 알현하다(1)

1780년 8월 9일 오전에 조선의 사행단이 열하의 태학에 도착한다. 사신 일행이 태학에 여장을 풀자마자 건륭황제의 명이 하달된다. 그 내용은 황제의 칠순잔치에 '조선의 정사는 오른쪽의 2품, 부사는 3품 반열의 끝에 서라'는 것이었다. 이를 두고 청나라 조정의 관리들은 '황제께서 친히 반열순서를 정해 알려준 것은 전례가 없는 과분한 은전'이라며 머리를 조아려 사례하고 감사의 글을 올리라고 요구한다. 현명한 황제 건륭제도 노년에 접어들어 판단력이 흐려지고 아첨을 즐거워하는 대목이다.

조금 뒤에 군기처 장경* 소림素林이 태학관에 왔으므로 삼사가 그와 마주 앉았다. 소림이 황제의 조서를 읽었다. "조선의 정사는 이품二品 끝의 반열에 서라." 이는 황제의 생신을 축하하는 날에 조정의 자리 순서를 미리 알려주는 것인데, 전에 없던 일이라고 한다. 소림은 나는 듯이 몸을 돌려 가버렸다.

또 예부禮部에서 전하기를, "사신이 오른쪽 반열에 서는 것은 전례 없는 은전입니다. 마땅히 황공하다는 인사 절차가 있어야 할 것이니, 이 뜻으로 예부에 글을 보내오면 곧 황제께 올리겠소"라고 했다. 이에 정사가 "소국의 신하가 사신으로 와서 비록 황제의 전례 없는 특별한 대우를 받기는 했으나, 사사로이 감사 표시를 하는 것은 도리에 어긋나지 않을까 생각되는데 어찌하면 좋겠습니까" 하니, 예부에서는 "해로울 것이 무어 있겠소" 하면서 독촉이 빗발치듯 한다.

황제는 나이가 많고 재위에 오른 지 오래여서 권세를 한 손에 쥐고 있고, 총명이 쇠하지 않았으며 혈기는 더욱 왕성하다. 그러나 나라가 태평하고 임금의 위세가 점차 높아짐에 따라, 시기심이 많고 사납고 가혹하며, 기뻐하고 성을 내는 데에 절도가 없어졌다. 조정의 신하들은 모두 그때그때 잘 꾸며대는 것을 상책으로 삼고, 오로지 황제의 마음을 기쁘게 하는 것만을 시의적절한 일인 줄로 안다. 지금 글을 바치라고 재촉하는 것도 예부의 관리들이 요구하는 것이다.

당번 역관의 말이, "전년 심양에 사신이 갔을 때도 글을 올려서 사은을 표시한 일이 있으니, 이번 일도 그와 다를 것이 없을 듯 합니다"라고 한다. 이에 부사와 서장관이 서로 의논하여 글을 지어 예부로 하여금 황제에게 바치게 하였다. 또 예부에서는 내일 오경**에 대궐에 들어가서 사신이 2품과 3품의 오른쪽 반열에서 하례에 참석하게 된 은혜를 사례하는 의식을 거행한다고 알려왔다.

* 章京. 청나라의 관직명
** 五更. 새벽 4시경

이에 조선의 사신은 건륭제에게 감사의 뜻을 표하는 글을 작성해 예부에 보냈다. 예부에서는 다시 한족漢族 예부상서[2] 조수선曹秀先과 만주족 상서 덕보德甫가 문서를 작성해 황제에게 보고했다. 그 문건은 뒤에서 보는 바와 같이, 조선의 사신들이 열하를 떠나던 날 청나라 예부에서 문서를 조작한 것으로 드러나 한바탕 소란이 일게 되는 단초를 제공한다.

이튿날 새벽 4시경 조선의 사행단은 황제의 거처인 피서산장避暑山莊의 정전 담박경성전 정문 앞에서 황제의 은혜에 감사하는 삼배구고두三拜九叩頭[3]의 의식을 거행한다. 이를 위해 이른 새벽에 피서산장에 도착해 그 앞의 관제묘에서 잠시 대기한다.

2) 오늘날의 외교부장관

3) 황제에게 무릎을 꿇고 양손을 땅에 댄 다음 머리가 땅에 닿을 때까지 숙이기를 3번씩, 3번 되풀이하는 인사 예법

《열하일기》 태학유관록 8월 10일

하인 영돌이 잠을 깨웠다. 당번 역관과 통관이 모두 문 밖에 모여 늦었다고 재촉한다. 나는 겨우 눈을 붙였다가 떠드는 소리에 잠이 깨었다. 야경 소리가 아직도 들려 온다. 노곤한 몸에 달콤한 졸음으로 꼼짝하기 싫은데, 조반으로 죽이 머리맡에 놓여 있다. 억지로 일어나서 따라가 보니 광피사표光被四表 패루가 있다. 등불 빛에 좌우의 시장 점포들이 보이나, 연경에 미치지 못하고 심양이나 요동보다도 못하다.

대궐 밖에 이르렀으나, 날이 새지 않았다. 통관이 사신을 인도하여 큰 묘당에 들어 쉬게 하였다. 그곳은 지난해 새로 세운 관제묘이다. 여러 채의 누각과 깊숙한 전각에다 굽이굽이 펼쳐진 회랑이 갖추어져 있다. 공교로운 솜씨로 조각을 하고 화려하게 단청을 해서 눈이 어리어리하다. 도사들이 모여들어 우리 일행을 구경한다. 사당 안 이곳저곳에는 연경의 관리들이 와서 머물고 있고, 왕자들도 많이 와 거처하고 있다 한다.

다음의 사진은 오늘날 승덕 시내의 태학관에서 피서산장으로 가는 길목에 있는 패루의 모습이다. 연암이 본 '光被四表(광피사표)'와는 다른 '八表同風(팔표동풍)'이란 글씨의 현판이 있지만 패루의 모습은 비슷했을 것이다.

조선의 사행단이 건륭제의 거처 문 앞에서 황제의 은혜에 감사하는 삼배구고두의 의식을 거행하기 위해 피서산장에 도착하였다가 잠시 머무른 곳이 피서산장 앞의 관제묘이다. 삼국지의 영웅 관우는 무신으로 후대에 오면서 '관왕關王', '관제關帝'로 승격되었다. 그 과정에서 상도의를 기반으로 하는 상인들에게 신의와 의리의 상징 관우는 재물의 신으로 추앙되었다.

오늘날 승덕시의 피서산장 앞에 복원된 관제묘에도 그 입구에는 '관제묘關帝廟'라는 돌 현판 위에 '무재신武財神'이라고 쓴 나무 현판이 함께 걸려있다. 묘문 안 한가운데는 '복福'이라는 큰 글자 하나가 가로막고 있다. 현실을 중시하는 중국인들에게 관제묘는 재물과 복을 가져다주는 신앙의 중심으로 자리잡고 있다. 사진은 열하 관제묘의 오늘날 모습이다.

위에서부터
사진 53-1 승덕시의 패루
사진 53-2 열하 관제묘 산문
사진 53-3 열하 관제묘 정전

五十四

피서산장에서 건륭제를 알현하다(2)

중국의 역사는 농경민족인 한족과, 북방 유목민족 사이의 끊임없는 투쟁과 융합을 통해 전개됐다. 실제로 근세 1,000여 년 동안 중국을 지배한 왕조 중에서 한족이 세운 왕조는 명나라 270년이었을 뿐 나머지는 모두 북방유목민이 세운 요, 금, 원, 청나라 왕조였다. 그에 따라 중국의 문화는 한족과 북방민족의 융합으로 형성되었다. 특히 열하는 중국 강남의 화려한 정원과 북방의 유목생활 그리고 티벳의 불교사원들이 어우러진 문화적 다양성과 통합성을 보여주는 특별한 곳이다. 그 중심에 피서산장이 있었다.

피서산장으로 행차하는 청나라 황제의 북순北巡은 바로 만주족의 통치능력을 과시하는 행사였다. 북방 초원에 푸르름이 더해지는 여름철이 되면 황제는 사냥

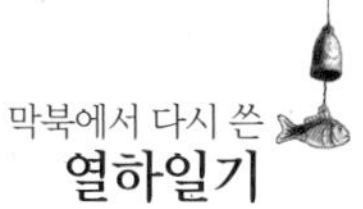

사진 54-1 사냥터의 건륭제

을 명목으로 대규모 군사훈련을 하면서 북방지역을 순회하고, 사냥이 끝나면 유목민 부족장들을 행궁으로 초대해 잔치를 베풀고 선물을 하사했다. 황제가 사냥하던 곳은 열하의 북쪽 목란위장이었고 연회를 베풀던 곳은 피서산장이었다. 곧 피서산장은 여름철 황제의 행궁인 동시에 정치와 문화의 융합을 꾀하는 중국의 중심이었다. 사진은 사냥터에서의 건륭제의 모습을 그린 기록화이다.

다음의 사진은 건륭제가 열하의 목란위장에서 사냥을 한 후 피서산장의 만수

사진 54-2 세연사사도

원에서 연회를 베푸는 모습을 그린 세연사사도塞宴四事图이다. 그림에는 건륭제를 중심에 두고 몽골 전사들이 승마, 씨름, 연주 등을 하는 모습이 사실적으로 묘사되어 있다.

피서산장은 오늘날 하북성 승덕시에 위치하는 중국 최대의 황실정원으로 청나라 황제의 여름 궁전이었다. 소주의 졸정원拙政園과 유원留園, 북경의 이화원颐和園과 더불어 중국 4대 정원으로서 일명 열하행궁으로 불린다. 피서산장은 120여 채의 건축물로 구성되었으며 총면적은 5.6㎢, 주위의 담장 둘레는 10㎞에 달한다. 1703년(강희 42년)에 건축을 시작하여 89년 만인 1792년에 완공되었다. 궁궐 주위에는 라마교 사원인 외팔묘가 배치되어 있다.

청나라 시대 피서산장에서는 정치, 군사, 외교에 관한 국가대사가 처리되어 중국 제2의 정치 중심지가 되었다. 그러므로 건륭제가 자신의 생일에 조선의 사신을 피서산장으로 불러 알현하게 한 것도 정치적 의미가 적지 않은 것이었다.

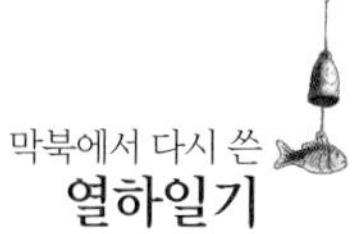

사진 54-3 여정문

사진은 피서산장의 정문인 여정문麗正門의 모습이다. 조선의 사신들도 이 문을 통과해 피서산장 안으로 들어갔다.

아래 사진은 여정문의 편액이다. 중앙에 있는 한자를 포함해서 만주어, 티벳어, 위구르어, 몽골어까지 5개 민족의 문자로 쓰인 희귀한 편액이다. 한족을 중심으로 북방 유목민족을 통치한 제국 청나라의 성격을 잘 드러내는 상징물이기도 하다.

사진 54-4 여정문 편액

1780년 8월 10일 이른 새벽 조선의 사신은 잠시 머물던 관제묘에서 나와 피서산장의 정문인 여정문을 통과해 담박경성전의 정문인 내오문內午門의 동쪽 예부의 조방朝房[4]에 이르러 청나라 예부상서의 안내를 받는다. 이때 연암도 함께 따라갔다.

≪열하일기≫ 태학유관록 8월 10일

서장관은 관제묘에 머물고, 정사와 부사는 대궐 안으로 들어갔는데 나도 따라 들어갔다.

모든 전각에는 단청을 꾸미지 않았고, 避暑山莊(피서산장) 현판을 붙였다. 통관이 우리를 오른편 곁채에 있는 예부의 조방으로 인도했다. 한족 상서 조수선이 나와 정사의 손을 잡고 매우 반기면서 인사를 하고, 서너 차례에 걸쳐 서로 자리를 권한다. 정사와 부사가 먼저 방에 들어가 앉자 조 상서도 의자에 걸터앉아서 서로 인사를 주고받았다. 정사가 서장관의 거취를 물으니 조 상서는 "오늘의 사은 행사에는 섞여 참여할 수 없으나, 뒷날 축하하는 반열에는 함께 나아가도 무방할 것입니다"라고 하고는 일어나서 나갔다.

통관이 또 만주족 상서 덕보가 들어온다고 보고하여, 사신이 문밖으로 나가서 그를 맞이하고 인사를 한다. 덕보도 답례로 인사하고는 걸음을 멈추고 서서, "오시는 길에 별고 없으셨습니까? 어제 황제께서 내리신 각별한 은혜를 알고 계시는지요?"라고 물었다. 이에 사신은, "황제의 은혜가 거룩하여 영광이 그지없습니다"라고 답했다. 말을 한 뒤에 덕보도 몸을 돌려 황급히 나가 버린다.

황제의 식사를 담당하는 내옹관內饔官이 요리 세 그릇을

4) 조회 참석자의 대기실

> 가지고 왔다. 백설기와 돼지고기 구운 것과 과일이다. 떡과 과일은 황금색 대접에 담았고, 돼지고기는 은쟁반에 담았다. 예부 낭중이 곁에 있다가 황제의 아침 찬에서 물린 것이라고 했다.

사진은 여정문을 통과하면 나타나는 避暑山莊(피서산장) 현판이 걸린 내오문과 그 동쪽에 있는 조방의 모습이다. 왼쪽에 사람들이 모여 있는 곳이 내오문이고 그 오른쪽에 있는 건물이 조방이다. 오늘날 조방은 피서산장박물관 제1전시실로 사용되고 있다. 조선의 사신들이 도착한 곳도 바로 이곳 예부의 조방이었다.

당시 내오문 앞의 조방은 예부의 3품 이상 관리들이 조회를 기다리며 대기하거나 간단한 업무를 처리하던 사무실이었다. 조선의 사신들은 관제묘에서 대기하다가 피서산장 여정문을 통과해 바로 이 건물로 안내되어 예부의 한족 상서 조

사진 54-5 피서산장 내오문과 조방

수선과 만주족 상서 덕보를 만난 것이다. 당시 청나라는 모든 관직에 한족과 만주족을 함께 임명하는 이원체제를 택하고 있었기 때문에 예부의 상서도 한족과 만주족 각 1명씩 2명이었다.

이들 예부상서는 모두 조선의 사신과 인사를 나눈 뒤 돌아갔고, 사신에게는 황제의 아침 수라상에 올랐던 흰떡, 구운 돼지고기, 과일이 내려졌다. 이윽고 조선 사신들의 삼배구고두의 의식이 거행된다.

> 얼마 안 되어 통관의 인도를 받아 사신이 문밖에 나아가 삼배구고두의 예를 행하고 돌아온다. 어떤 사람이 앞에 나와서 인사를 하며, "이번 황제가 베푸신 은혜야말로 망극한 일입니다. 귀국은 당연히 예물을 더 보내야 할 것이오. 그러면, 사신과 종사관에게도 별도의 상이 내릴 것입니다"라고 한다. 그는 곧 예부의 우시랑右侍郞 아숙인데 만주족이었다.

다음 사진은 내오문으로 피서산장의 정전인 담박경성전의 정문이다.

1780년 8월 10일 새벽에 조선의 사신이 황제의 특별한 은전에 대해 감사의 인사를 올린 지점은 사진 속의 가운데 문 앞에 보이는 마당이다. 그곳은 예나 지금이나 거의 같은 모습이었을 것이다. 굳게 잠긴 내오문 앞에서 조선의 사신은 황제의 은혜에 감사하며 세 번 무릎을 꿇고 아홉 번 머리를 조아려야 했다.

사진 54-6 피서산장 내오문

五十五

피서산장에서 건륭제를 알현하다(3)

1780년 8월 11일 새벽 조선의 사신들은 건륭황제를 알현하기 위해 다시 피서산장으로 향한다. 열하에 도착한 지 삼 일째 되는 날이었다. 사신이 피서산장에 들어갈 때 연암도 따라나섰다. 피서산장 내오문 앞에서 만주족 상서 덕보가 사신을 맞아 예부 조방으로 들어갔다. 잠시후 황제가 전날과 같은 음식 세 접시를 내렸다. 이날은 건륭제의 칠순 이틀 전날이었다. 연암은 이 무렵 사신과 함께 더는 기다리지 않고 피서산장 밖으로 나와 주점에 앉아 술을 마셨으나, 나중에 정사 박명원으로부터 건륭제를 알현한 일을 상세히 전해 듣고《열하일기》에 기록하고 있다.

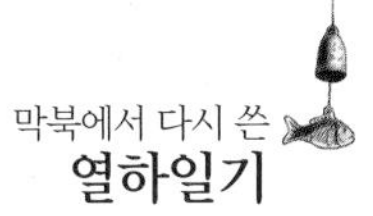

《열하일기》 태학유관록 8월 11일

아침에 요리가 내려오고 잠시 지나서 황제가 만나보겠다는 영이 내렸다. 통관의 인도로 정문 앞에 이르렀더니, 그 동쪽 협문에 황제를 호위하는 신하들이 서거나 앉아 있었다. 상서 덕보와 낭중 몇 사람이 와서, 사신에게 출입하고 예를 표하는 절차를 알려주고 갔다. 이윽고 군기대신이 황제의 뜻을 받들어, "그대의 나라에도 사찰이 있는가? 관제묘도 있는가?" 하고 물었다.

잠시 후 황제가 정문으로 나와서 문 안의 벽돌을 깔아 놓은 위에 앉았다. 교의*와 탁자도 없이 평상에 누런 보료를 깔았으며, 좌우에서 시립하는 신하는 모두 누런 옷을 입었는데 칼을 찬 호위병은 서너 쌍에 불과하고, 네 명이 황색 일산을 받들고 섰다. 모두 엄숙한 표정이다.

먼저 회자국의 태자가 앞으로 나아가 몇 마디 아뢰고 물러가니, 사신과 통사를 들라했다. 모두 엉덩이를 들고 무릎으로 기면서 나갔다.

황제가 "조선 국왕은 평안하신가?" 라고 물었다. 이에 사신은 공손하게 "평안합니다" 라고 대답했다. 또 황제가 "만주어를 할 줄 아는 자가 있는가?" 라고 물었다. 상통사上通事 윤갑종이 "대략 이해합니다" 라고 만주어로 대답했다. 그러자 황제가 측근의 신하들을 바라보고 기뻐하며 웃었다. 황제는 얼굴이 네모형이며 희고 약간 누런 기운을 띠고 수염은 반백인데, 예순 살 정도로 보였다. 표정에는 봄바람이 불듯 온화한 기운이 넘쳐흘렀다.

사신이 물러서자, 무사 예닐곱이 차례로 들어와 활을 쏘는데, 화살 하나를 쏘고는 반드시 꿇어앉아서 고함을 친다. 과녁을 맞힌 자가 두 명인데, 그 과녁 한복판에 짐승 한 마리를 그렸다. 활쏘기가 끝나자 황제가 곧 돌아가고 내시들이 모두 물러가고 나서 사신도 역시 물러 나왔다.

문 하나를 채 나오기 전에 군기대신이 와서 '사신은 곧장 찰십륜포札什倫布로 가서 반선班禪 액이덕니額爾德尼를 알현하라'는 황제의 영을 내린다.

* 임금이 앉는 의자

사신이 황제를 알현하여 나눈 대화는 이것이 전부였다. 그러나 조선의 사신이 황제를 직접 알현한 것 자체도 조선시대를 통틀어 몇 차례에 불과할 정도로 특별한 사례이다. 아래의 사진은 건륭제에게 말을 진상하는 몽골 사신의 모습을 그린 당시의 그림이다.

이제 조선의 사신들이 건륭제를 알현한 장소를 찾아간다. 〈55-2〉는 피서산장 내오문의 모습이다. 건륭제는 피서산장의 정전인 담박경성전을 나와서 내오문의 피서산장 편액 아래에 앉아 조선의 사신을 알현했다. 조선의 사신은 내오문 앞에서 무릎을 꿇고 기어서 황제 앞으로 다가가 삼배구고두의 의식으로 예를 표하고 황제의 물음에 답했다. 건륭제가 앉았던 장소는 바닥을 벽돌로 깔아놓은 내오문의 안쪽으로서 그 앞의 마당보다 약간 높은 위치에 있다.

사진 55-1 말을 진상하는 몽골 사신

사진 55-2 건륭제가 조선의 사신을 알현한 내오문

아래 사진은 건륭황제가 피서산장 만수원에서 무사들의 무예를 관전하고 있는 당시 기록화 새연사사도塞宴四事圖의 부분이다. 젊은 나이에 황제에 올라 여러 차례 중국 각처를 순행한 건륭제는 평소에도 야외에서는 의자를 사용하지 않고 평상 위에 황색 담요를 깔고 앉았다고 전한다. 그림 속에서 건륭제가 앉아있는 모습이 《열하일기》의 묘사와 일치한다.

사진 55-3 앉아있는 건륭제

〈55-4〉는 피서산장의 정전인 담박경성전澹泊敬誠殿의 모습이다. 담박경성전을 비롯한 피서산장의 모든 전각이 단청을 하지 않고 소박하게 지은 것

사진 55-4 담박경성전

도 중국의 다른 시대 궁궐들과 구별된다. 담박경성전을 중심으로 건륭제의 만수절 하례행사가 거행되었다. 조선의 사신이 건륭제를 알현한 이틀 후인 1780년 8월 13일 건륭제의 만수절 하례 의식에는 사신이 품계에 따라 배열해서 의식에 참석한다.

건륭제의 만수절 축하연 장면은 청나라 예부의 소속 관서인 주객사主客司에서 조선의 사신에게 건네준 문건에 나와 있다. 이 문건에 의하면 1780년 8월 13일 만수절 하례 행사에서 피서산장의 정궁인 담박경성전 앞뜰에 청나라 황실의 친왕親王, 공작 이상의 작위를 받은 황족 및 몽골의 족장이 이무기의 문양을 수놓은 흉배를 단 관복을 입고 배열하였고, 조선의 사신은 청나라 황실의 문무대신 및 남방 민족의 추장인 토사土司와 함께 담박경성전의 궁문인 내오문 밖 뜰에서 배열하여 참석했다.

한편 청나라의 역사淸史에 의하면 건륭제의 만수절 하례식에는 판첸라마 6세,

회부[5], 몽골의 부족장인 두이백특杜尔伯特과 토이호특土尔扈特, 오늘날 카슈가르 지역의 부족장 및 조선의 정사가 참석한 것으로 기록되어 있다.

결국 황제가 전례에 없는 은혜를 베풀었다며 따로 글을 지어 바치게 하고, 꼭두새벽에 일어나 잠겨있는 문밖에서 삼배구고의 의식을 거행하게 했으나, 정작 만수절 축하연 행사에는 담박경성전 정문 밖에서 청나라 대신들과 남방 민족의 추장들과 함께 반열을 지어 의식에 참여했을 뿐이다. 다만 청나라 관리들과 같은 품계를 인정해 준 것이 번국의 신하에게 큰 은혜를 베풀었다는 의미였다.

병자호란 이후 조선은 청나라의 속국으로 떨어졌으므로, 조선의 사신에게 청나라 관리와 동등한 품계를 부여한 것이 의전서열로는 은혜를 베푼 것인지 모르겠으나 그와는 별개로 조선을 둘러싼 국제사회의 위상은 냉정한 것이었음을 엿볼 수 있다.

5) 回部. 청 나라 때 동투르키스탄의 터키계 이슬람교도들이 살던 지역

五十六
피서산장에서 건륭제를 알현하다(4)

역사상 조선의 사신이 열하에 다녀온 경우는 단 두 차례였다. 첫 번째는 1780년 연암 박지원이 정사 박명원이 건륭제의 칠순 하례식에 참석한 것이고, 10년 후인 1790년에는 정사 황인점이 7월 15일부터 21일까지 열하에 머물며 건륭제의 팔순 하례식에 참석한 것이다. 이때의 상황은 황인점을 수행한 부사 서호수가 남긴 《연행기燕行記》에 자세히 남아있다.

1790년 7월 16일 조선의 사신들이 피서산장의 청음각淸音閣에서 건륭제를 알현하는 장면을 서호수의 《연행기》에서 읽어본다.

《연행기》 1790년 7월 16일

군기대신 화신和珅이 나와서 '조선 사신 등은 앞으로 나오라' 라고 한다. 예부의 시랑이 정사와 부사, 서장관을 인도하여 전각의 섬돌 위에 나아가 황제를 향하여 꿇어앉았다.

황제가 "조선국왕은 평안하신가?" 라고 하므로, 세 사신이 머리를 조아린 뒤에 정사가 "황상의 큰 은혜를 입어 평안하십니다" 라고 했다. 이에 황제가 "국왕은 아들을 낳았는가?" 라고 하였다. 세 사신이 머리를 조아린 뒤에 정사가 "금년 설날에 황제께서 '복福' 자를 쓴 서한을 내림으로써 국왕이 감격하여 밤낮으로 축원하던 끝에 6월 18일에 아들을 보았습니다. 이것은 곧 황상이 주신 것입니다" 라고 하였다.

황제가 웃으며 "그런가? 매우 기쁜 일이군. 매우 기쁜 일이야." 하였다. 이어 황제가 세 사신의 성명과 벼슬의 품계를 물어, 군기대신 화신이 어전에 나아가 손을 들어 차례로 가리키며 대답했다.

황제가 말하기를, "사신들을 잔치하는 반열에 나아가게 하라" 고 하니 군기대신 철보가 우리를 인도하여 각국 사신의 반열에 앉게 하였다. 반열의 수석은 조선사朝鮮使이고 그 다음은 안남사*, 남장사**, 면전사***, 생번**** 차례였다.

반열의 위치는, 친왕親王, 패륵貝勒, 패자貝子, 대신大臣들이 동쪽에서 두 줄로 서쪽을 향해 앉았다. 몽골, 회부, 안남의 왕과 패륵, 패자 및 각국 사신은 서쪽에서 동쪽으로 향해 앉았다. 제왕, 패륵, 패자는 앞에 있고 사신들은 뒤에 있었다.

---

* **安南使**, 베트남 사절
** **南掌使**, 라오스 사절
*** **緬甸使**, 미얀마 사절
**** **生番**, 대만의 원주민 사절

한편 서호수의 《연행기》에는 1790년 건륭제의 팔순잔치에 베트남 국왕 완광평阮光平이 직접 참석한 사실이 등장한다. 완광평이 그해 3월 대신과 수행원 184인을 거느리고 베트남을 출발해 7월에 열하에 도착해 잔치에 참석한 것이다.

사진 56-1 만국래조도(부분)

사실 몽골이나 회족의 부족장과 달리 베트남 국왕이 직접 건륭제의 팔순잔치에 참석한 것은 이례적인 사건이었다. 그래서 평소 사신반열은 조선, 베트남, 라오스, 미얀마, 대만 부족순이었으나, 이때 베트남 국왕은 몽골 및 회부 각 부족의 왕들과 함께 반열의 앞에 자리했다.

사진은 건륭제의 만수절에 각국의 사신들이 자금성 태화전으로 입조하는 장면을 그린 만국래조도萬國來朝圖의 한 장면이다.

1790년 열하에 파견된 조선의 사신들은 매일 연회에 참석하고 문묘에 배알하면서 완광평과 만나는 경우가 많았다. 이에 서호수는 베트남 왕 완광평에 대해 기록을 남겼다. 《연행기》를 읽어본다.

안남왕 완광평은 안남의 귀족이다. 광남廣南 지방에 살면서 농사를 짓다가, 안남국왕 여씨黎氏가 쇠퇴한 틈에 난민들을 모아 수도를 쳐서 함락시킨 뒤, 왕을 살해하고 왕위를 찬탈했다.

광서성의 총독 복강안福康安이 황제에게 보고하니, 황제가 광서성의 장군 손사의에게 '군사를 이끌고 가서 토벌해 왕도를 수복하라'고 명령했다. 완광평은 광남으로 달아났다가 손사의의 군대가 철수하자 다시 군사를 일으켜 수도를 차지했다. 그리고 복강안에게 뇌물을 바치니, 복강안이 황제에게 '완광평이 진심으로 귀속합니다'라고 보고했다. 황제가 보고를 받고 완광평의 죄를 용서하고 조서를 내려, '완광평이 죄를 뉘우치고 귀속하면서, 내년에 친히 연경으로 와서 만수절을 축하하겠다니 진심임을 알겠다'라고 하고 관원을 파견하여 완광평을 안남국왕安南國王에 봉했다.

금년 3월에 완광평이 안남에서 출발하여 광서에 도착하니, 황제가 예부시랑 덕명을 보내어 영접하고, 내각에 명령하여, 안남왕이 상경할 때 관리들이 맞이하는 예법과 절차를 의논해 정하게 했다. 7월에 완광평이 대신과 수행원 184인을 거느리고 열하에 도착하여, 순금으로 만든 학 1쌍, 순금 기린 1쌍, 상아 10대, 길들인 코끼리 1쌍, 침향沈香 1,000근을 바쳤다. 그 밖의 기이한 물건들을 바친 것은 다 기록할 수 없다. 또 안남의 악공 수십 인을 보내어 연극을 돕게 하니, 황제가 크게 포상을 내리고 특별히 예우하였다.

완광평과 그 신하들에게 열하의 행궁을 자유롭게 구경하게 하였으며, 여러 가지 선물을 하사했다. 완광평에게는 친왕의 조복을 하사하고, 신하들에게는 5품관의 조복을 하사했다. 아울러 완광평의 장자 완광찬阮光纘을 세자로 봉하였다.

황제가 완광평을 불러 보면, 광서성 총독 복강안이 반드시 문밖에서 완광평의 귀에다 대고 한참 동안 황제를 배알하는 절차를 지도한다. 그리고 전각의 섬돌에 올라갔을 때도, 앉고 서고 꿇어앉고 머리를 조아리는 절차를 지도하곤 한다. 사사로이 접촉할 때면, 복강안은 서서 말하고 완광평은 꿇어앉아 대답하는 등, 비열하게 아첨하는 태도가 못하는 짓이 없다.

당시 안남왕 완광평은 서호수에게는 청나라 관리 복강안에게도 아첨하는 비굴한 모습으로 보였다. 그런데 사실 당시 열하에 온 완광평은 베트남의 국왕이 아닌 다른 사람이었다. 즉 가짜 왕이 대제국의 황제인 건륭제에게 친조를 가장했던 것이다. 베트남의 역사를 통해 완광평이 열하에 나타난 경위를 알아본다.

완광평은 베트남어로 응웬 꽝빈이다. 당시 베트남의 황제는 완문혜阮文惠 즉 응웬 후에(Nguyễn Huệ)이다. 그는 1771년 베트남 중남부 지역 떠이 선에서 발생한 베트남 역사상 최대규모의 농민혁명인 떠이 선(Tây Sơn) 운동의 선두에 섰던 인물로 1787년 이후에는 베트남 북부지역에까지 세력을 확장했다.

1788년 레(Lê,黎)왕조의 요청으로 청나라 건륭제가 10만의 군대를 파견하여 마침내 오늘날의 하노이 부근인 탕롱(Thăng Long)을 점령하기에 이르렀다. 이에 청나라 군대에 대항하기 위해 응웬 후에는 스스로 황제의 자리에 올라 연호를 꽝쭝(Quang Trung, 光中)으로 선포하였으니 그가 바로 베트남 역사에서 유명한 꽝쭝황제이다.

그해 11월 25일 꽝쭝황제는 10만의 군사를 이끌고 침입해 오는 청나라 군사를 격파하고 탕롱을 탈환했다. 그는 베트남 역사에서 외적을 물리친 걸출한 민족 영웅이며 신출귀몰한 용병술로 적을 섬멸한 용장이었다. 한편 청나라 군대를 몰

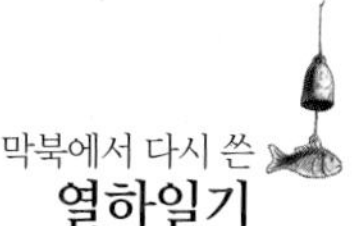

아낸 꽝쭝황제는 전쟁상태를 종식시키기 위해 완광평阮光平이라는 가명으로 청에 사절을 보내 '공물을 바칠 테니 자신을 베트남의 합법적 지배자로 인정해 달라'고 요청했다. 이에 청나라 조정은 그에게 연경에 와서 건륭제에게 친조할 것을 요구했다.

그는 청나라의 요구에 응해 이듬해 건륭제의 팔순잔치에 자신이 직접 참석할 것을 약속하고 청나라 조정으로부터 안남국왕의 책봉을 받았다. 그러나 그는 청나라의 권위를 인정하지 않았기 때문에 탕롱에서 거행된 안남국왕 책봉 의식에서부터 자신과 용모가 비슷한 조카 팜 꽁찌(Phạm Công Trị, 范公治)를 내세웠고, 건

사진 56-2, 3 베트남의 지폐와 응웬 후에 동상

륭제의 팔순잔치에도 다시 완광평, 즉 팜 꽁찌를 파견했던 것이다. 1790년 열하에서 조선의 사신이 만난 안남국왕은 바로 가짜 국왕 팜 꽁찌였다.

한편 꽝쭝황제는 즉위한 지 4년만인 1792년에 요절하고 만다. 그의 가족들은 그가 사망한 후 10년이 지난 1802년 응웬 왕조를 개국한 지아 롱 황제에 의해 참살당한다. 베트남 역사에서 대제국 청나라를 물리친 꽝쭝 황제로 기록되는 응웬 후에는 오늘날 베트남의 200동 지폐에 등장한다. 사진은 베트남의 200동 지폐와 응웬 후에의 동상이다.

역사적으로 베트남의 군주들은 중국에 보내는 공문서에서는 자신을 왕이라 칭했지만, 자국 내에서는 스스로 황제로 칭하고 연호를 쓰면서 중국과 대등하게 여겼다. 가짜 안남국왕이 열하까지 가서 건륭제를 알현한 이 사건은 베트남의 자존심을 지키면서 건륭제의 허영심도 만족시켜 양국 간 전쟁을 종식하는 결과를 가져왔다. 베트남의 입장에서는 청나라와의 전쟁에서 승리하였고, 전쟁이 끝난 직후여서 국왕의 신변을 담보할 수 없었기 때문에 내놓은 고육지책이었을 것이다.

반면 병자호란의 결과 청나라의 속국으로 떨어진 조선에서는 청나라를 가짜 왕이 친조한다는 사건은 꿈에도 생각하지 못할 일이었음에 틀림이 없다.《열하일기》에 실려있는 건륭제의 교지를 읽어보면 청나라 황제 앞에서 한없이 약해져야 했던 조선 국왕의 처지가 눈앞에 어른거린다.

《열하일기》 행재잡록

건륭 45년 8월 12일에 내각은 다음과 같은 황상의 유지를 받들었노라.

조선은 대대로 봉해 준 신하의 나라를 잘 지켜 본래부터 공손하다. 해마다 바치는 공물을 정성껏 보내니 가상하다.

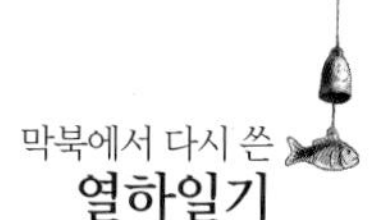

간혹 특별히 조칙을 반포하거나 하사품을 주어 귀국시키는 일이 있을 때에는 유구流球처럼 사례하는 문서를 보내올 뿐만 아니라, 오직 조선만이 특산품을 준비하고 아뢰는 글을 붙여 보내와 정성을 표하고 있다. 지난번에는 특별한 일 때문에 사신이 멀리서 왔는데, 공물을 다시 돌려보낸다면 산을 넘고 내를 건너는 고생만 더할 것 같아 여러 차례 정식 공물에 포함시켜 그들을 우대하고 있다는 뜻을 보여주었다.

그러나 조선은 그 직분을 지켜서 정식 공물이 올 때에 따로 토산품을 준비하여 바치고 있으니, 왕래하는 데 번잡한 의식만 덧보탠다는 것을 알겠노라. 우리의 군신 관계는 서로 정성으로 대우하고 믿음으로 두 나라가 일체가 되었으니, 번잡한 예절이 무슨 필요가 있겠는가? 올해 짐의 칠순 만수절에도 조선은 표문을 갖추어 경하했다. 이미 어명을 전달해서 조선의 사신을 행재소로 오게 하여 조정의 신하들과 같은 반열에서 예식을 거행하도록 하였도다.

이번만은 조선이 보낸 표문과 공물을 받아 조선이 경축한다는 정성을 펴도록 하였으나, 이후로는 세시와 명절의 정식 공물은 관례에 따라 받고 그 나머지 공물은 모두 바치지 말게 해서, 짐이 먼 나라 사람을 배려하며, 실속을 주로 하고 허식을 꾸미지 않는다는 뜻에 부합하게 하라.

五十七

티벳의 성승을 친견하다(1)

1780년 8월 9일 오전 조선의 사행단이 열하에 도착하여 열하의 문묘에 마련된 숙소에 들었다. 그날 오후 청나라 통관이 조선의 당번 역관에게 "당신네 나라에서는 부처를 공경합니까? 나라 안에는 사찰이 얼마나 있습니까?"라는 질문을 한다. 주자학을 국교로 삼고 불교를 배척하던 조선의 사신으로서는 참으로 난감한 질문이었다. 청나라에서의 처신이 귀국 후에 문제가 되어 탄핵을 당하거나 형벌을 받을 수도 있는 상황이었다. 정사 박명원 등 사신은 의논 끝에 "우리나라 풍속이 본래 불교를 숭상하지 않으므로 시골에 절이 있기는 하나 도성에는 없다"는 엉터리 대답을 통관에게 전달하게 했다.

다음날인 8월 10일에는 군기처 대신이 직접 숙소인 태학관으로 와서 '티벳의

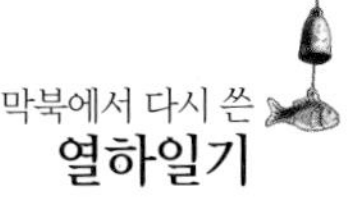

성승聖僧(판첸라마 6세)을 만나보겠느냐'고 권하는 황제의 뜻을 전달한다. 이에 사신은 "황제께서 소국을 사랑하여 중국과 동등하게 대하여 주시니, 중국 사람들과 왕래하는 것이야 무방하지만, 그 밖의 다른 나라 사람에 대해서는 감히 서로 사귀지 않는 것이 본래 저희 같은 소국의 법도입니다"라고 하면서 정중히 거절했다. 역시 유교국가인 조선의 사신으로서는 조심해서 처신할 수밖에 없는 일이었다.

그러나 건륭제는 기어이 조선의 사신에게 반선을 만나보라는 명령을 내린다. 이제 《열하일기》를 읽어본다.

《열하일기》 태학유관록 8월 10일

군기대신이 가고 나자 사신들의 얼굴에는 수심이 가득 찼다. 당번 역관은 마치 술이 덜 깬 사람처럼 분주하다. 비장들도 공연히 성을 내며, "황제가 고약하네. 반드시 망하고 말거야. 오랑캐니까 그렇지, 명나라 때는 어디 이런 일이 있었나?" 라며 투덜거린다. 수역이 그 황망한 중에도 비장을 향하여, "춘추대의를 논할 때가 아니네"라고 핀잔을 준다. 잠시 뒤 군기대신이 또 말을 달려와서 황제의 명을 거듭 전한다. "성승은 중국 사람과 같으니 즉시 가보도록 하라"

사신들의 의견이 분분하여 한쪽에서는, "가보는 것은 더 어려운 일이 될 것입니다."라고 하고 다른 쪽에서는, "예부에 글을 올려서 이치로 따져 봅시다"라고 하는데, 당번 역관은 말끝마다 "예, 예"라고 한다. 나는 한가하게 구경할 뿐, 사신들의 일에는 조금도 간섭할 수 없고, 또 나한테는 묻는 일도 없었다.

이때 나는 마음속에 기발한 생각이 들었다.

'이건 정말 좋은 기회이다. 사신이 거부하는 상소를 올린다면 의로운 명성이 천하에 떨치고 나라를 크게 빛낼 터이지만, 그렇다고 황제가 군사를 내서 조선을 칠 수는 없을 것이다. 어떻게 사신 개인의 허물을 그 나라에 대고 화풀이를 하겠는가? 그러나 그 빌미로 사신들을 운남雲南이나 귀주貴州 쪽으로 귀양을 보내면 할 수 없을 것이다. 그리되면 내가 혼자 고국으로 돌아갈 수는 없으니, 서촉西蜀이나 강남의 땅을 밟게 되리로다. 강남은 오히려 가깝지만, 저 월남이나 광동 지방은 북경과 만여 리나 되는 먼 길이니, 내가 구경할 일이 어찌 낭만적이지 않겠는가.'

마음속으로 기뻐서 곧 밖으로 뛰어 나가 마부 이동을 불러 내어, "얼른 술을 사오너라. 돈은 아끼지 마라. 내 이제부터 너와 이별이다"라고 하였다.

반선을 만나보라는 황제의 명에 이의를 제기할 경우 중국의 남쪽 변방인 귀주성이나 운남성으로 귀양을 갈 것을 상상하며 혼자 축배를 들던 연암의 유쾌한 풍류가 눈앞에 그려진다. 허나 연암이 바라던 일은 발생하지 않았다. 어쩔 수 없이 조선의 사신들이 반선을 친견하러 나섰기 때문이다. 하지만 일은 그것으로 끝나지 않았다.

술을 마시고 들어가니 회의는 아직 결판이 나지 않았고, 예부의 재촉이 빗발친다. 겨우 말과 안장을 준비하는 사이에 이미 날이 기울었다. 일행이 성의 서북쪽의 길을 따라서 반쯤 갔을 때 황제의 조칙이 왔다. '금일은 이미 날이 저물었으니, 사신은 돌아가서 다른 날을 기다리도록 하라'는 내용이었다. 이에 사신은 놀라서 서로 돌아보며 숙소로 되돌아갔다.

청나라 통관 박보수가 예부의 사정을 돌아보고 와서, "황제께옵서,

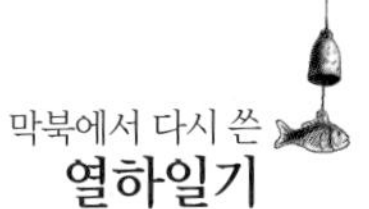

'조선은 예의를 아는 나라인데 사신만 예법을 모르는구나' 라고 했답니다"라고 아뢴다. 통관 무리들은 가슴을 치고 눈물을 흘리며, "우리는 이제 죽었네"라고 한다. 통관들은 원래부터 털끝만한 일이라도 황제와 관계되는 것이면 죽는다고 호들갑을 떠는데, 이번에는 황제의 불편한 심기를 알려주고 있으니 완전히 공갈은 아닐 것이다.

저녁 무렵이 되자 예부에서 "내일이나 모레는 황제께서 불러 물어보실 터이니, 사신은 일찌감치 반선을 만나라" 고 하였다.

건륭제의 칠순연을 축하하기 위해 열하에 왔던 판첸라마 6세는 반선 또는 티벳의 성승으로 불렸다. 그는 티벳의 라싸 서부지역에서 출생하여 판첸라마 5세의 전세영동[6]으로 확인받아, 세 살이 되던 해에 시가체日喀則의 타시룸포札什倫布 보좌에 오른 인물이다.

전통적으로 활불, 즉 살아있는 부처로 받들어지는 판첸라마는 아미타불의 화신으로 여겨졌으며 환생으로 후계자가 정해졌다. 건륭제가 판첸라마를 열하에 초청할 무렵 달라이라마 8세는 아직 나이가 어렸기 때문에, 판첸라마 6세는 사실상 티벳 최고의 종교지도자였다.

1779년 봄 판첸라마 6세는 2,000여 명의 수행원을 이끌고 티벳의 시가체를 출발해 청해青海, 감숙甘肅, 영하寧夏, 내몽골內蒙古을 13개월 동안 걸어서 열하에 도착했다. 건륭제는 티벳 시가체의 타시룸포를 본뜬 수미복수지묘須彌福壽之廟를 피서산장 북쪽에 건립해 판첸라마의 행궁으로 선사했다.

아래의 그림은 건륭제가 열하에서 판첸라마 6세의 법회에 참석한 장면을 그린

6) **轉世靈童**. 활불이 죽은 다음 다른 몸에 수태되어 다시 태어난 아이를 의미한다. 전세영동임이 확인되면 활불인 달라이라마 또는 판첸라마로 추대된다

만법귀일도萬法歸一圖이다. 건물안 중앙의 오른편에 앉은 이가 건륭제이다.

한편 티벳어로 '타시'는 부처님이 있는 곳인 수미산의 '수미須彌'를 의미하고, 티벳어로 '룸포'는 '복수福壽'인 것이다. 따라서 '수미복수'는 곧 '타시룸포'인 것이다. 다음 사진은 피서산장 이마도二馬道에서 촬영한 수미복수지묘의 전경이다.

사진 57-1 만법귀일도

사진 57-2 수미복수지묘 전경

五十八

티벳의 성승을 친견하다(2)

조선의 사신이 반선을 만나러 가다 되돌아온 다음 날인 1780년 8월 11일 오전 사신들은 열하의 피서산장 내오문에서 건륭제를 알현한다. 그런데 사신이 황제를 알현하고 여정문을 나오기도 전에 군기대신이 따라 나와 건륭제의 명을 전한다. "조선의 사신은 곧바로 찰십륜포[7]로 가서 반선 액이덕니를 만나보라"는 것이었다. 건륭제는 전날 반선을 만나보지 않은 것을 보고받자 다시 명한 것이다.

이미 이날 아침 조선 사신들이 건륭제를 알현하기 직전에 예부에서 반선을 친

7) 札什倫布. 티벳어로 '대승(大僧)이 살고 있는 곳'이라는 뜻

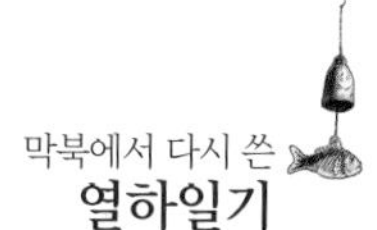

견하는 문제로 다툰 이후였다. 《열하일기》에서도 반선을 만난 이야기를 별도의 권으로 기록하고 있다.

《열하일기》 찰십륜포

사신은 아침에 예부에서 "고두례는 천자 앞에서만 하는 예법인데, 어찌하여 티벳의 승려에게 하라는 말인가?" 하고 항의하였다. 이에 예부에서는, "황제도 반선을 스승의 예로 맞이하는데, 조선의 사신은 황제의 명을 받았으니 같이하는 것이 마땅할 것입니다"라고 주장한다. 사신은 반선에게 가고 싶지 않아서 꼼짝하지 않고 완강하게 버텼다. 예부상서 덕보가 화가 나서 모자를 벗어 바닥에 던지고, 벌렁 누워 고래고래 소리를 지르며, "빨리 나가시오. 빨리 나가" 하고는 사신에게 손을 휘저었다.

사신은 어쩔 수 없이 찰십륜포를 향해 출발했다. 연암은 마부 창대로부터 건륭제의 명을 받은 사신이 찰십륜포를 향해 간 사실을 뒤늦게 전해 듣고 서둘러 수미복수지묘에서 겨우 사신 일행을 만난다.

《열하일기》 태학유관록 8월 11일

궁성을 따라가다 왼쪽으로 꺾어서 가니 서북쪽 일대의 산기슭에는 사찰이 눈에 들어오는데, 더러 사오층의 누각도 있다. 말에서 내려 시냇물을 따라 올라가니, 석교가 있고 조선 사람이 많이 그 위를 왕래한다. 문으로 들어가니 기암괴석이 층층이 쌓였는데, 기이한 솜씨는 귀신의 손에서 나온 것 같다. 사신과 역관이 궁궐에서 곧바로 나오며 내게 연락하지 못한 것을 애석하게 여기고 있었는데 뜻밖에 내가 오는 것을 보고 반갑게 맞이하면서도 너무 구경하기를 좋아한다고 놀려댄다.

수미복수지묘 입구에는 건천으로 변한 시내가 있고 오늘날에도 연암이 건넜던 돌다리가 그대로 남아있다. 사진은 수미복수지묘 산문 입구의 석교의 모습이다. 석교를 통과해 산문을 지나면 비정碑亭이 나오고, 비정 뒤의 계단을 오르면 화려한 유리패방에 이른다. 연암 박지원이 사신 일행을 만난 곳은 그 앞의 계단이었다. 다음 사진은 수미복수지묘의 화려한 유리패방의 모습이다. 패방의 양쪽은 정교한 코끼리 좌상이 지키고 있다.

유리패방 안쪽으로는 回자 모양의 대홍대大紅臺와 동홍대東紅臺가 서 있다. 대

사진 58-1 수미복수지묘 입구의 석교

위에서부터
사진 58-2 수미복수지묘의 유리패방
사진 58-3 대홍대

홍대의 중앙에는 수미복수지묘의 정전인 묘고장엄전妙高蔣嚴殿이 있다. 〈58-3〉은 대홍대와 그 동쪽에 있는 동홍대의 모습이다. 앞에 있는 양쪽으로 난 계단 위로 올라가면 대홍대의 출입문이 나온다.

연암이 산문을 지나 대홍대 앞마당에 이르는 장면을 《열하일기》에서 읽어본다.

> 축대 위에는 두 개의 전각이 있는데 모두 겹처마를 했고 황금기와를 이었다. 지붕에는 기어가는 형상을 한 용 여덟 마리가 있는데 모두 황금으로 만들었다. 둥근 정자와 복층으로 된 누각, 높은 누마루와 층층의 창들은 모두 푸른색, 초록색, 자주색, 옥색의 기와로 이었는데, 그 비용이 몇 억만 금인지 모르겠다. 채색은 신기루를 능가하고, 조각 솜씨는 귀신도 부끄러워할 만하고 신령이 우레를 핍박하는 듯하고 어둡기는 새벽녘과 같았다.

묘고장엄전은 판첸라마 6세의 법당이었으며 대홍대 안쪽에 세워져 있다. 지붕은 황금으로 도금한 청동기와로 이었으며, 용마루마다 황룡을 두 마리씩 올려놓았다. 금으로 도금한 황룡은 무게가 1t에 이른다고 한다. 다음의 사진은 묘고장엄전의 모습이다.

1780년 8월 11일 오전 조선의 사신 일행은 대홍대의 출입통로를 통과하여 묘고장엄전에 이르렀다. 그리고 그곳에서 판첸라마 6세를 친견한다. 연암은 당시의 장면을 자세히 묘사해 놓았다.

사진 58-4, 5 묘고장엄전과 현판

왼쪽에는 야트막한 상이 두 개 놓였고 몽골의 왕공 두 명이 무릎을 맞대고 앉아 있다. 얼굴은 모두 검붉은 색인데, 하나는 코가 뾰족하고 이마가 툭 튀어나왔으며 수염이 없고, 다른 하나는 얼굴이 각지고 꼬불꼬불한 수염을 하고 있었다. 누런 옷을 입고 쩝쩝거리며 서로 쳐다보고 있는데, 말하다가 다시 올려다보는 모습은 마치 반선이 하는 말을 듣고 있는 것 같았다. 라마 두 명이 반선의 오른쪽에 시립하고 있으며, 군기대신이 라마의 복장을 하고 그 아래에 서 있다.

황금기와가 햇빛에 번쩍이는 것을 보다가 전각에 들어가자 법당 안이 어두침침했다. 반선의 옷은 모두 금실로 짰으며, 그의 살갗은 샛노랗게 되어 마치 황달병 걸린 자와 같았다. 대체로 금빛으로 퉁퉁 불어 터질 듯이 꿈틀거리는데 살은 많고 뼈는 적어서 청명하고 영특한 기운이 없으니, 비록 몸뚱이가 방에 가득하나 위엄을 볼 수 없고, 멍청한 것은 물귀신 그림을 보는 것 같았다.

유교사상에 물든 조선의 사신들은 반선을 만나는 것 자체를 내키지 않아했으므로 그 행색도 위엄 있는 모습과는 거리가 멀게 느껴졌을 것이다. 이에 연암 박지원도 반선의 인상을 좋지 않게 묘사하였다. 반선을 만난 조선의 사신은 끝내 판첸라마에게 머리를 조아리지 않고 털썩 주저앉으면서, 예를 갖추라는 건륭제의 명을 거역하고 말았다.

황제가 내무관을 시켜서 사신에게 비단을 나누어 주면서 오색 비단 한 필씩을 가지고 반선을 만나보게 했다. 그것을 '합달哈達'이라 했다. 반선은 스스로 그의 전신前身이 파스파*라 하는데, 파스파의 생모가 향기 나

는 비단을 삼키고 낳았으므로 반선을 만나보려는 사람은 반드시 비단을 바치는 것이 예절로 되어 있어, 황제도 매번 반선을 만날 때마다 역시 누런 비단을 바친다고 한다.

바야흐로 반선을 친견하려고 그 앞에 섰다. 이때 군기대신이 무슨 말을 하는데 사신은 못 들은 것 같았다. 제독이 사신을 인도하여 반선 앞에 이르니, 군기대신이 두 손으로 비단을 받들어 사신에게 준다. 사신은 비단을 받아 머리를 들고 반선에게 건네주었다. 반선은 앉은 채 몸을 움직이지 않고 비단을 받아 무릎 앞에 놓으니 탁자 아래까지 늘어졌다. 차례로 비단 받기를 마친 다음에 반선이 다시 군기대신에게 주니, 군기 대신은 비단을 받들고 반선의 오른편에 섰다.

사신이 막 돌아서려 하는데 군기대신은 통관 오림포에게 중지하라는 눈짓을 했다. 사신으로 하여금 절을 하게 하려는 것인데, 사신은 그것을 알지 못하고 머뭇머뭇 물러서서 몽골 왕의 아랫자리에 약간 몸을 구부리고 소매를 들고 그대로 앉아 버렸다. 군기대신은 얼굴빛이 당황스러워 보였지만 사신이 벌써 앉아버렸으니 어쩔 수가 없는지라 모른 체했다.

차茶를 몇 차례 돌린 뒤에 반선이 소리를 내어 사신이 온 이유를 묻는데, 말소리가 전각 안을 울려 독 속에서 소리를 지르는 것 같았다. 그는 빙그레 웃으면서 머리를 숙여 좌우편을 고루 둘러보는데, 눈썹을 찡그리고 눈을 가늘게 뜨고 굴리는 모습이 시력이 나쁜 사람 같았다. 라마가 말을 받아서 몽골 왕에게 전하자, 몽골 왕은 군기대신에게 전하고 군기대신은 오림포에게 전하며, 오림포는 우리 역관에게 전하니, 5중 통역을 거쳤다.

---

* **巴思八**. 티벳 출생의 라마. 원나라 세조 쿠빌라이의 스승이 되어 라마교를 원나라 국교로 하였으며 티벳 문자인 파스파문자를 창제하였음

사진은 조선의 사신 박명원과 연암 박지원 등이 판첸라마 6세를 만났던 묘고장엄전의 법당이다. 법당 안은 어두워 내부를 분별하기 어려울 정도이다. 법당의

사진 58-6 묘고장엄전의 종카바 좌상

북쪽에는 불상이 안치되어 있고 불상의 앞자리에는 종카바(宗喀巴, 1357-1419)의 좌상이 모셔져있다.

종카바는 15세기 초 라마교 게루파格魯派를 창시한 티벳불교의 스승이자 사실상 라마교의 개창자이다. 달라이라마 3세가 그의 직계 제자로서 뒤를 이었으며 이후의 달라이라마와 판첸라마는 모두 그의 제자들이다. 조선의 사신들은 오늘날 종카바상의 자리에 앉아있던 판첸라마 6세를 만났다.

조선의 사신들은 판첸라마 6세를 친견하면서 그로부터 비단과 양탄자, 금불상 등의 하사품을 받는다. 이제 이국의 승려로부터 불상을 받은 조선의 선비들은 이를 어떻게 처리할 것인지를 두고 큰 고민에 빠진다. 귀국 후에 유교적 이데올로기에 물든 조정 대신들로부터 탄핵받을 것을 걱정하기 시작하는 것이다.

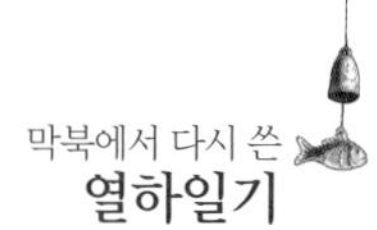

라마 수십 명이 붉고 푸른 서역의 모직과 양탄자, 향과 작은 금불상을 짊어지고 와서 등급대로 나누어 주었다. 군기대신은 들고 있던 비단으로 불상을 감쌌다. 사신이 일어나 나가고, 군기대신은 하사한 물품의 물목을 기록해 황제에게 보고하려고 말을 타고 떠났다. 사신은 찰십륜포의 문을 나와서 오륙십 보쯤 걸어가, 소나무 그늘이 있는 모래톱 위에 둘러앉아 밥을 먹으며 의논했다.

"우리가 티벳의 성승을 만나 보는 예법이 서툴고 거만하여 예부의 요구와 어긋나게 하였네. 그가 천자의 스승이고 보니, 이해득실이 생길 일이 없다고 할 수 있겠는가? 저들이 주는 물건을 받지 않으려니 공손하지 않다고 여길 것이고, 받자니 명분이 없으니, 어찌하란 말인가?"

반선을 친견한 것은 창졸간의 일이어서 선물을 사양하거나 받는 것이 옳은지를 따져 볼 겨를도 없었다. 모든 일이 황제의 조서에 따라 벌어진 것이라서 번갯불처럼 빠르게 진행되었다. 우리 사신의 모든 행동이 저들의 지시에 따라서 할 수밖에 없었으니, 이미 꼭두각시와 다를 바 없었다. 게다가 5중의 통역을 하고 보니 허허벌판에서 허깨비를 만난 것 같이 무슨 일이 벌어졌는지 헤아릴 수도 없었다. 사신이 적당히 둘러댈 말이나 대꾸할 말을 준비해 있었다고 하더라도 장황하게 늘어놓을 방도가 없었으며, 저들 역시 상세하게 알려줄 수 없었으니, 형편이 그럴 수밖에 없었다.

정사는 역관들에게 "지금 우리의 거처는 태학관이니 불상을 가지고 갈 수 없다. 불상을 놓아둘 곳을 찾아보라"고 지시했다.

판첸라마 6세를 만나기까지는 곡절도 많았지만 막상 친견하는 자리에서도 머리를 조아려 절을 하지 않았기 때문에 황제의 노여움을 살까 두려워할 수밖에 없었다. 더욱이 반선으로부터 받은 불상을 공자를 모신 태학으로는 가져갈 수 없다고 보았기에 귀국할 때에 어떻게 처리해야 할지도 고심했다. 사신이 얼마나 고민하였는지는《열하일기》에 수차례 기록되어 있다.

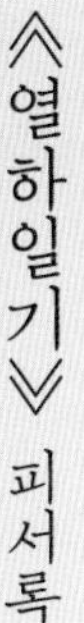

반선이 선물한 불상은 크기가 한자 정도이고 나무를 깎아 도금한 것이다. 그 물건에 요망한 것이 붙어있지 않다고 어떻게 장담할 수 있겠는가? 얼떨결에 받고 나니 하인으로부터 사신에 이르기까지 일행 모두가 마치 꿀단지에 손을 빠뜨린 것처럼 어찌할 바를 몰랐다.

내가 밤에 정사에게 물었다. "이 일을 어찌 처리할 요량이십니까?" 이에 정사가 "벌써 수역에게 작은 궤짝을 만들라고 하였네"라고 답한다. 나는 "잘하셨습니다"라고 답했다.

정사가 "뭐가 잘했다는 말인가?"라고 물었다. 내가 "강물에 띄우려고 하시는 것이겠지요"라고 웃으며 말하자 정사도 따라 웃었다.

돌아가는 길에 있는 사찰에 그 불상을 두고 가려니 청나라의 분노를 살까 두렵고, 그렇다고 그 물건을 이끌고 입국한다면 물의를 일으킬 것이 뻔하다. 우리와 저들이 경계인 압록강에 띄워 보내어 바다로 내보내는 것이 좋을 것이다.

비록 연암 박지원이 정사와 이런 유쾌한 대화를 나누었지만, 반선이 하사한 불상을 두고 어쩔 줄 몰라 하는 모습은 조선사회의 이념적 편협성과 '시골티를 벗어나지 못한未免鄕闇' 세태를 보여 준다. 다시 《열하일기》를 읽어본다.

《열하일기》 행정잡록 동불사후지

불상은 높이가 한 자 남짓 되는 호신불護身佛이었다. 중국에서는 먼 길을 떠나는 사람에게 불상을 선사하는데, 아침저녁으로 음식을 공양한다. 티벳의 풍속에는 조공을 바칠 때 부처 한 틀을 으뜸가는 공물로 여긴다. 이번의 불상도 반선이 우리 사신을 위해 먼 길을 무사히 가도록 빌어 주는 예물이지만, 우리나라에서는 한 번이라도 부처에 관계되는 일을 겪으면 평생 허물이 되는 판이고 더욱이 티벳의 승려가 준 것이니 일은 더욱 커질 수밖에 없었다.

사신은 북경으로 돌아와서 반선에게서 예물로 받은 물건을 모두 역관들에게 줘 버렸고, 역관들도 이를 더럽다고 여기고 은자 90냥에 팔아서 마두에게 나누어 주었고, 이 은자를 가지고는 술 한 잔도 마시지 않았다. 반선이 준 선물을 조출한 것이지만, 다른 나라의 풍속으로 따져 본다면 우리의 처신은 세상 물정에 어두워 고루한 시골티를 면치 못한 것이었다.

판첸라마 6세로부터 받은 불상은 결국 어떻게 처리되었을까? 1780년 10월 27일 정사 박명원이 귀국하여 조선국왕 정조에게 보고한 내용이 일성록에 기록되어 있다.

《일성록》 정조 4년 10월 27일

박명원에게 다시 앞으로 나오라고 명하였다.

내(정조)가 이르기를, "황제가 보낸 금불金佛은 어떻게 처리하였는가?" 하니, 박명원 등이 아뢰기를, "저 나라에서는 다른 사람의 장수를 기원할 때 반드시 금불을 줍니다. 그러므로 이번에 금불을 보낸 것도 전하를 위해 축수祝壽하는 것이 본뜻이었습니다. 신이 도중에서 이미 영변의 묘향산에 두라고 하신 연석의 하교를 받들었기 때문에 한 역관으로 하여금 묘향산의 정결한 사찰에 보내서 보관하도록 하였습니다" 하였다.

내가 이르기를, "경들이 필시 많이 피곤할 것이니, 먼저 물러가 휴식하라."

귀국하는 길에 정사 박명원이 미리 정조에게 이를 보고하고 판첸라마 6세로부터 받은 불상을 묘향산의 사찰에 봉안하는 타협책을 마련했던 것이다. 유교국가 조선의 임금과 신하가 함께 고민한 흔적이 역력하다.

사진은 묘고장엄전 처마에 있는 황룡상의 모습이다.

사진 58-7 묘고장엄전의 황룡상

五十九

불세출의 간신 화신을 만나다

1780년 음력 8월 13일은 건륭제의 칠순인 만수절이었다. 이날을 전후하여 7일에 걸쳐 피서산장에서 축하 연희가 베풀어졌다. 문무백관들은 오경(새벽 4시경)에 대궐로 들어가 황제에게 고두례를 행하고, 오전에는 피서산장 청음각淸音閣에서 연희를 구경했다.

청음각은 피서산장 내의 희대戲臺로, 북경 자금성의 창음각暢音閣, 이화원의 덕화원德和園을 포함해서 청나라 3대 희대였다. 피서산장 담박경성전의 동쪽에 있던 청음각은 이제 터만 남아있다. 다음 사진은 피서산장의 원형을 표시한 지도로 담박경성전과 청음각의 위치를 알 수 있다.

건륭제의 만수절 하루 전인 1780년 8월 12일에 연암은 피서산장의 덕회문德

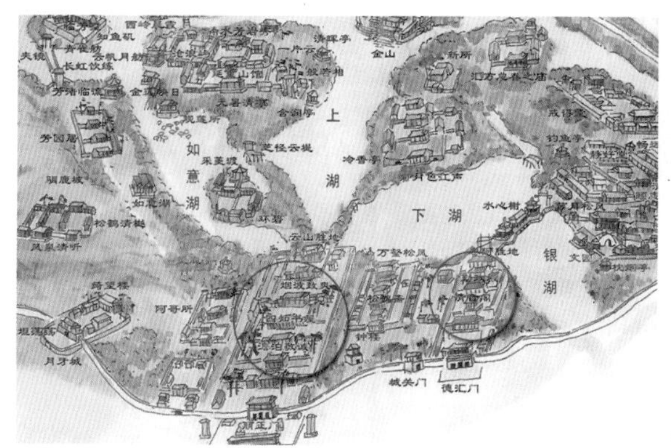

사진 59-1 담박경성전(왼쪽)과 청음각(오른쪽)

匯門으로 들어가 연희를 어깨너머로 구경했다. 이날의 기록을 《열하일기》에서 읽어본다.

《열하일기》 태학유관록 8월 12일

아침을 먹고 천천히 걸어서 궐내에 들어가니, 사신은 조회에 참여하였고, 역관과 비장들은 궁문 밖 낮은 언덕에 머물러 있으며 통관들도 함께 있었다. 담장 너머로 음악 소리가 새어 나오기에 좁은 문틈으로 엿보았으나 아무것도 보이지 않았다. 담장을 돌아 여남은 걸음을 가서 작은 문이 있는데, 한 쪽은 열려 있고 또 한 쪽은 닫혀 있다. 내가 안으로 들어가려 하니 군졸이 문밖에서만 보라 한다.

문지기가 담배를 달라기에 곧 내어 주었다. 한 사람이 내가 오랫동안 발꿈치를 들고 선 것을 보고는 걸상 하나를 가져다가 주기에, 한 손으로 그의 어깨를 잡고 또 한 손으로 문설주를 짚고 섰다.

연극에 출연하는 자들은 모두 한족의 옷차림이고 사오백 명이 함께 몰려들었다가 물러서면서 일제히 노래를 부른다.

내가 디디고 선 걸상은 마치 횃대를 탄 오리처럼 되어 오래 서 있기 어려웠다. 돌아 나와 작은 언덕의 나무 그늘 밑에 앉았다. 이날은 몹시 더웠으나, 구경꾼들은 빽빽하게 둘러서 있었다.

사진은 피서산장 내 청음각으로 들어가기 위해 연암이 통과한 덕회문德匯門의 모습이다. 피서산장의 정문인 여정문에서 궁궐 담벽을 따라 동쪽으로 이동하면 성관문城關門이 나오고 다시 동쪽으로 30m 정도를 가면 덕회문에 이른다.

덕회문 안쪽으로 들어가면 '복수원터福壽園遺地'라는 표지석과 건물터가 있는데, 양각으로 새긴 건물배치도의 중심에 있는 3층 건물이 바로 청음각이다. 그 옛날 청음각이 있던 곳에는 오늘날 승덕시의 주민들이 함께 모여 체조를 하거나

사진 59-2 덕회문

사진 59-3 청음각터 표지석

노래를 부르고 춤을 추는 장소이다. 청음각 터는 오늘날에도 여전히 중국인들에게 연희의 장소로 사용되고 있는 것이다.

건륭제가 베푸는 연희를 보기 위해 피서산장의 덕회문으로 들어갔던 연암은 그곳에서 당대의 간신 화신和珅을 만난다.

한 청년이 문을 나서니, 사람들이 모두 피한다. 그 청년이 잠시 멈추고 시종에게 무슨 말을 하는데 돌아보는 모습이 몹시 사납다. 사람들은 모두 두려워 잠자코 있었다. 군졸 두 명이 채찍을 갖고 와서 사람들을 몰아내니, 회족 한 사람이 성내며 군졸의 뺨을 치고 한주먹으로 때려눕혔다. 청년은 눈을 흘기면서 어디론지 사라져 버린다. 사람들에게 물어보니 수정 꼭지를 단 청년은 호부상서* 화신이라 한다.

그는 눈매가 곱고, 준수한 얼굴에 날카로운 기운이 흘렀으나 덕이 없어

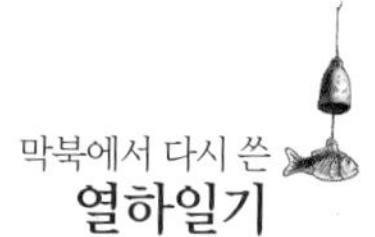

보였다. 그의 나이는 갓 서른하나라 한다. 그는 본래 황실의 의장대인 난의사의 군졸 출신인데, 교활하고 윗사람의 비위를 잘 맞추어 불과 대여섯 해 사이에 황궁의 아홉 개 문을 총괄 감독하는 제독이 되었으며 이제는 병부상서** 복융안과 함께 언제나 황제의 좌우에 붙어 있으므로 그 위세가 조정에 떨치고 있다 한다.

황제는 막 여섯 살 된 딸을 화신의 어린 아들과 약혼시켰는데, 노쇠해지면서 점차 성격이 조급해져 화를 자주 내며 신하들을 매질하기 일쑤이나, 궁인들이 어린 딸을 껴안고 와서 황제의 앞에 데려다 놓으면 노여움을 그친다고 한다.

---

* 오늘날의 재정부 장관
** 오늘날의 국방부 장관

60년간 세계의 대제국 청나라 황제로 군림한 건륭제는 노년에 접어들면서 몹시 자만하여 자신을 칭송하는 말만 듣기 좋아했다. 이때 건륭제에게 갖은 아첨을 해 대권을 한 손에 쥔 자가 바로 화신이다.

그는 1750년(건륭 15년)에 만주족 관리인 상보常保의 아들로 태어났다. 3세 때 어머니가 동생을 출산하다가 사망하고, 9세 때는 아버지마저 병으로 사망했으나 양자로 간 집에서 좋은 교육을 받아 사서오경에 통달했고 만주어, 한어, 몽골어, 티벳어에 능통할 정도로 총명했다. 20세인 1769년(건륭 34년)에 경거도위輕車都尉로 관직을 시작하여 황제 의장대의 호위병으로 있다가 건륭제에게 발탁되어 25세 때에 어전시위御前侍衛가 되었다.

화신은 일처리에 능숙할 뿐 아니라 아첨에 능해 노쇠해 판단력이 흐려진 건륭제의 신임을 얻었다. 마침내 1776년(건륭 41년) 27세의 화신은 군기대신이 되어 내무부대신을 겸하며 20여 년 동안 청나라 조정의 대권을 잡았다. 그에 더해 건륭제는 자신의 딸 효공공주를 화신의 아들과 혼인시켰다. 황제의 사돈이 된 화신의 권력은 절대적이었다. 병부상서, 호부상서를 지냈고, 이번원상서, 의정대신에 임명되기에 이르렀다. 후에는 문화전대학사文華殿大學士가 되고, 일등공一等公에 봉해졌다.

조정 대권을 쥔 화신은 재산을 모으는 데 혈안이 되어, 뇌물을 받는 것은 물론이고 민가의 재산을 수탈하는 것도 서슴지 않았다. 지방 관리들의 진상품은 화신의 손을 거쳐 황제에게 올라가곤 했는데 그는 그중 진귀한 것들을 가로채기도 했다. 그 무렵 청나라 조정은 '3년만 관직에 있으면 10만 냥의 은이 쏟아진다'고 할 정도로 부패가 심각했다. 특히 화신에게 뇌물을 주면 패전한 것도 승전한 것으로 황제에게 보고되었기 때문에 장군들이 전쟁 비용을 유용해 화신에게 뇌물을 바치는 사례도 있었다.

재위 60년이 되자 건륭제는 태자 영염永琰에게 황제 자리를 양위했는데, 그가 바로 가경제嘉慶帝이다. 화신의 탐욕을 알고 있던 가경제는 3년 후인 1799년에 건륭제가 사망하자 즉시 화신을 투옥하고 20가지의 대죄大罪를 들어 자결할 것을 명했다. 이어 화신의 가산을 모두 몰수했는데, 토지 80만 무(1억 6,000만 평)와 황금 등 보유 재산이 총 2억 2,000만 냥에 달했고 한다. 당시 청나라 조정의 1년 예산이 약 4,000만 냥이었으므로 5년간의 국고수입에 해당하였고 황제의 재산보다도 많았던 것이다. 그럼에도 그는 인색하기 짝이 없어서 처첩들에게 죽을 먹였고, 금전출납부는 손수 관리했다고 한다.

연암이 화신을 만났을 때는 그가 31세 때로 이미 청나라 조정의 대권을 한 손에 잡고 있던 시기였다. 화신이 진기한 보물을 황제에게 헌상하는 것을 본 연암은 미구에 닥칠 불길한 예감을 드러낸다.

《열하일기》 동란섭필

지금의 호부상서 화신은 황제가 총애하는 신하로서 구문제독을 겸하며 조정에 이름을 떨치고 있다. 황제의 생일에 내가 피서산장 문밖에 이르렀더니, 바치는 물건들이 문 앞까지 폭주하고 있는데, 모두 금부처가 아니면 옥그릇이라 했다.

화신이 실어 온 물건은, 진주로 만든 포도 한 덩굴이 그 속에 있다는데 금과 은, 오동*으로 빛을 내어 덩굴과 잎을 만들고, 화제火齊, 슬슬瑟瑟**로 포도알을 만들었는데, 이야말로 초룡주장***이라 아니할 수 없다.

신하로서 사사로이 황제에게 물건을 바치는 관례는 강희황제가 처음 열어 놓은 것이다. 화신은 지금 황제의 총애를 받고 있어, 황제가 "화신은 나를 사랑하는구나. 제 집 일은 잊어버리고 내게만 바치는구나"라고 말했다고 한다.

아마 황제는 장차 반드시 이렇게 말할 수 있을 것이다. "사해의 부자인 나도 이런 진주 포도가 없었는데 화신은 대체로 어디서 이것을 얻었을까?" 그렇게 되면 화신도 위태로운 처지로다.

* **烏銅**. 구리에 2~8%의 금을 배합하거나 다시 1% 정도의 은을 첨가한 검붉은 색의 구리 합금
** 둘 다 구슬의 일종이다
*** **艸龍珠帳**. 극단적인 사치품

사진은 오늘날까지 전하는 화신의 초상과 글씨이다.

사실 화신은 사서오경에 통달하고 실무에도 밝은 엘리트 관료였다. 그런 그가 재물과 권력에 눈이 어두워 불세출의 간신으로 역사에 추한 이름을 남긴 것이다. 판단력이 흐려진 건륭제의 옆에서 대권을 휘두르며 막대한 부정축재를 한 그를 현대의 중국인들도 탐관오리의 전형이라고 표현하고 있다.

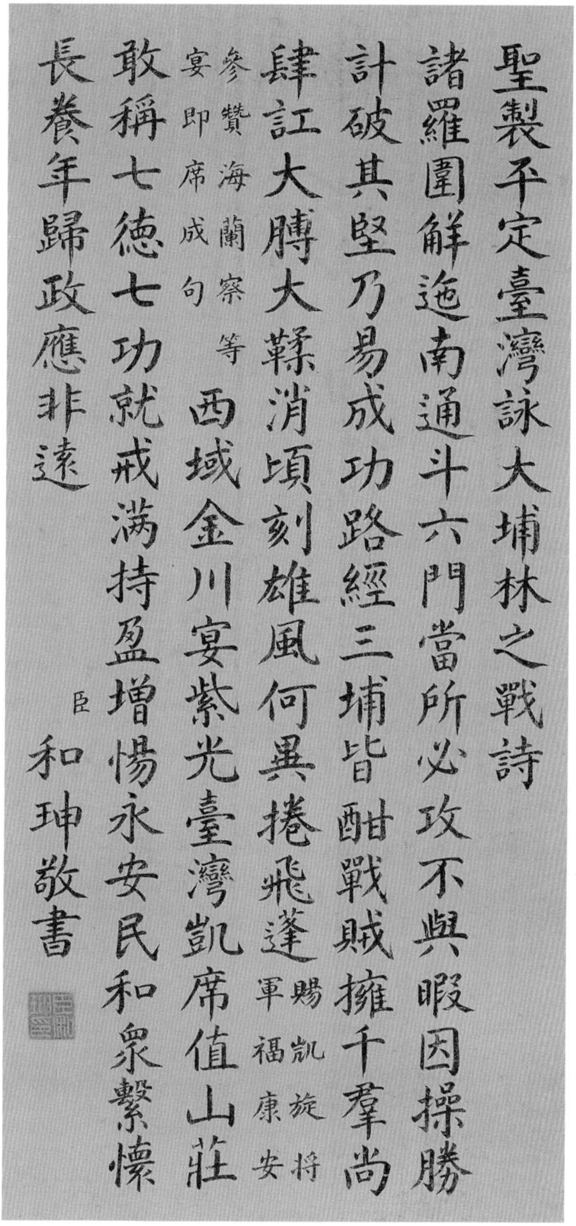

聖製平定臺灣詠大埔林之戰詩
諸羅圍解迤南通斗六門當所必攻不與暇因操勝
計破其堅乃易成功路經三埔皆酣戰賊擁千羣尚
肆訌大膊大鞣消頃刻雄風何異捲飛蓬 賜凱旋將軍福康安
參贊海蘭察等宴即席成句 西域金川宴紫光臺灣凱席值山莊
敢稱七德七功就戒滿持盈增惕永安民和衆繫懷
長養年歸政應非遠
臣和珅敬書

왼쪽부터
사진 59-4 화신의 초상
사진 59-5 화신의 글씨

한편 건륭제는 자신의 칠순을 축하하기 위해 각국의 사신과 문무백관에게 청음각과 피서산장의 북쪽구역 만수원에서도 연희를 베풀었다. 연희는 연극이나 묘기 또는 불꽃놀이로 이어졌다. 아침 일찍부터 오후 1시경까지는 청음각에서 연극이 공연되었고, 저녁 시간부터는 북쪽의 만수원에서 등불놀이와 불꽃놀이 행사가 열렸다. 연암은 '한족의 복장을 한 사오백 명의 배우들이 한꺼번에 앞뒤로 나아갔다 물러나며 일제히 노래를 불렀다'라고 연희의 광경을 묘사하고 있다.

《열하일기》 산장잡기의 승구선인행우기乘龜仙人行雨記, 만년춘등기萬年春燈記, 매화포기梅花砲記는 모두 만수원에서의 행사를 기록한 글이다. 연암이 만수원에서 참관한 등불놀이 장면을 읽어본다.

《열하일기》 만년춘등기

황제가 동쪽의 별궁에 있는 동산으로 자리를 옮기자, 1,000여 명 관리들이 피서산장을 나와 말을 타고 궁궐 담장을 따라 5리를 가서 정원 문으로 들어갔다. 문을 들어서면 좌우에는 예닐곱 길씩 되는 사리탑이 섰고, 불당과 패루들이 몇 리나 뻗쳤다. 전각 앞에는 황색의 장막이 하늘과 닿은 듯하고, 장막 앞에는 모두 흰색 휘장을 두르고 수많은 채색등을 걸어 놓았다.

음악이 시작되고 여러 연희가 시작하는데, 해는 벌써 저물어 간다. 황색의 궤짝을 궁궐 문에 달아 놓았는데 갑자기 궤짝 바닥으로 북처럼 생긴 등불이 툭 떨어졌다. 등불에는 끈이 연결되어 있어서 끈을 타고 불이 붙어 올라 궤짝 밑까지 닿자 이어서 둥근 등불 하나가 드리워지고 끈에 붙은 불은 그 초롱을 태워 땅에 떨어뜨렸다. 궤짝 안에서 다시 쇠로 만든 발이 아래로 드리워지는데 전서체로 '壽福(수복)'이라고 써 놓았고 글자에 불이 붙어 한참 동안 타다가 저절로 꺼져 땅에 떨어졌다.

날이 어둑어둑해지고 보니 등불 빛은 더욱 밝아지면서 갑자기 萬年春(만년춘) 세 글자로 변했다가 天下太平(천하태평) 네 글자로 변하더니 또 갑자기 두 마리 용으로 변해서는 비늘과 뿔과 발톱과 꼬리가 굼틀굼틀 공중에서 움직였다. 잠깐 사이에 붙고 떨어지면서 변화무쌍하되 털끝만큼도 어긋남이 없이 글자 획은 또렷한데, 수천 명의 발자국 소리만 들릴 뿐이다.

아래의 사진은 피서산장 북쪽 구역의 초원에 있는 오늘날 만수원의 모습이다. 연암이 만수원을 찾았을 무렵에 비해 나무가 많이 자라고 있다.

연암이 만수원을 찾았을 당시 보았던 사리탑과 불당은 오늘날에도 일부 남아 있다. 다음 사진은 연암이 보았던 만수원 북쪽에 남아있는 영우사永祐寺 사리탑의 모습이다. 그 아래 사진은 만수원에서 곡예를 하는 회족의 모습을 그린 회인헌기回人獻伎이다.

사진 59-6 만수원

위에서부터
사진 59-7 영우사 사리탑
사진 59-8 회인헌기

六十

열하에서 코끼리를 관찰하다

중국을 유람하는 연암 박지원에게는 신기한 장면이 많았다. 그중 낙타, 코끼리와 같은 동물도 조선에서는 볼 수 없었던 인상적인 것이었다. 《열하일기》 '만국진공기萬國進貢記'에서 연암은 산도山都(침팬지), 야파野婆(유인원), 납취조蠟嘴鳥(밀화부리) 등의 특이한 동물들을 묘사하고 있다. 이어 '내 평생 기이하고 괴상한 볼거리를 열하에 있을 때보다 더 많이 본 적이 없다. 그러나 대부분 그 이름을 알지 못했고, 문자로 표현할 수 없는 것들이어서 기록하지 못하니 안타까운 일이다'라고 하고 있다.

연암 박지원이 열하에서 만난 동물 중에서 가장 인상적이었던 것은 코끼리였다. 연암은 《열하일기》 상기象記와 상방象房에서 코끼리를 설명하고 있는데 연암

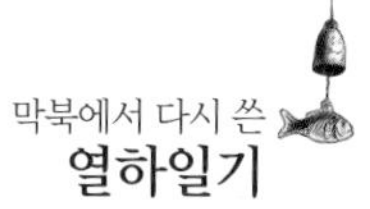

이 코끼리를 처음 본 것은 피서산장에서 황제의 의장대에 있는 코끼리 두 마리였다. 연암이 만난 코끼리의 모습을 읽어본다.

《열하일기》 상기

코끼리 두 마리를 열하행궁 서쪽에서 보았는데, 몸뚱이를 꿈틀거리며 폭풍우처럼 빨리 걸어간다. 열 걸음 떨어져서 코끼리를 보았는데 몸뚱이는 소 같고 꼬리는 나귀 꼬리에다 낙타의 무릎, 범의 발굽에 짧은 털은 잿빛이었다. 어질어 보이는 모습에 울음소리는 처량하고 귀는 구름장같이 드리웠고, 눈은 초승달 같다. 두 어금니는 크기가 두 줌쯤 되며 길이는 한 발 정도 된다. 코는 어금니보다 길어 구부리고 펴는 모습이 자벌레 같고, 코의 끝은 누에 꽁무니 같은데 물건을 족집게처럼 집어서 돌돌 말아 입에 넣는다.

어떤 사람은 코를 입으로 생각해 코가 있는 데를 따로 찾아보기도 하는데, 그것은 코가 이렇게 생겼을 줄은 생각도 못 했기 때문이다. 더러 코끼리의 다리가 다섯이라고도 하고 코끼리의 눈이 쥐의 눈을 닮았다고도 한다. 대개 코끼리의 눈은 몹시 가늘게 생겨서 간사한 사람이 눈부터 먼저 웃으며 아양 떠는 것과 같으나, 코끼리의 어진 성품은 바로 눈에서 보인다.

사진은 수미복수지묘 유리패방 앞에 있는 코끼리 석상의 모습이다.

청나라 건륭제 시대는 중국의 최전성기로 세계 각국에서 공물을 보내왔다. 당시 태국, 미얀마, 베트남 등지에서는 코끼리를 청나라 황제에게 공물로 바쳤고, 청나라 조정에서는 이를 황제의 위엄을 과시하는 의장대로 활용했다. 열대지방에서 서식하는 코끼리를 맹추위가 떨치는 겨울날의 북경 자금성에서도 의장대로

사진 60-1 수미복수지묘의 코끼리 석상

세워두고 조정의 행사를 진행했다. 연경의 선무문안에는 상방象房을 설치하고 이곳에서 코끼리를 사육하며 훈련시켰다. 당시 상방에는 80여 마리의 코끼리가 사육되고 있었고 코끼리를 훈련시키고 관리하는 조련사인 상노象奴도 있었다.

열하에서 코끼리를 인상적으로 살펴본 이후 연암 박지원은 연경으로 돌아와서 상방을 찾아간다. 연경에서 다시 코끼리를 관찰한 이야기를 읽어본다.

《열하일기》 황도기략 상방

코끼리 우리는 선무문 안 서성西城 북쪽 담장 아래에 있다. 코끼리 80여 마리가 있는데, 큰 조회 때 오문*에서 의장으로 서기도 하고, 황제가 타는 가마와 위엄을 보이기 위한 의장대로서 쓰이기도 한다. 코끼리는 품계에 따라 녹봉도 받는다. 조회 때 백관이 오문으로 들어오기를 마치면, 코를 마

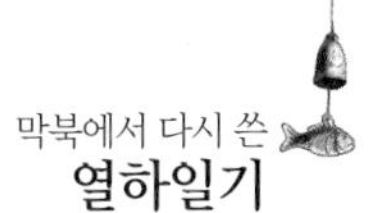

주 엇대어 서 있어서 아무도 마음대로 출입할 수 없게 하였다.

코끼리가 때로 병이 나서 의장대로 서지 못할 때에는 다른 코끼리를 끌어내려 해도 말을 잘 듣지 않는다. 조련사가 병든 코끼리를 끌어다가 보여주어야만 이를 곧이듣고 바꾸어 선다.

코끼리가 죄를 범하면 칙명이라 하고는 매를 친다. 물건을 다치거나 사람을 상하게 하는 따위다. 엎드려 매를 다 맞고 나서는 머리를 조아리고 사죄를 하며 벌 받은 코끼리의 반열에 물러가 선다. 해마다 삼복 날이면, 금의위**의 관리들이 깃발을 나열하고 의장을 세우고 징과 북을 치며 코끼리를 이끌고 선무문 밖으로 나가 성 둘레의 해자에서 목욕을 시키는데, 구경꾼들이 항상 수만 명에 이른다고 한다.

내가 조련사에게 부채 하나와 청심환 하나를 주면서 코끼리에게 재주를 부려 보라고 했다. 조련사가 대가가 부족하다며 부채 하나를 더 요구한다. 당장 가진 게 없어, 뒤에 따로 주겠으니 먼저 재주를 피워 보라고 했다. 조련사가 코끼리에게 가서 재주를 부리라고 구슬렸으나, 코끼리는 눈웃음을 치고 심드렁해 하면서 못하겠다는 시늉이다. 부득이 따라온 자에게 돈을 더 주라고 하였더니, 코끼리는 한동안 곁눈질로 보다가 조련사가 몇 푼을 주머니에 넣는 것을 보고 나서야 기꺼이 여러 가지 재주를 부린다. 머리를 땅에 조아리기도 하고 두 무릎을 땅에 꿇기도 한다. 또 코를 흔들며 휘파람 소리를 내는데, 마치 피리 소리가 나는 것 같다. 둥둥 북을 울리는 소리를 내기도 한다. 대체로 코끼리의 교묘한 재주는 코와 어금니인 상아에서 나온다.

---

* 午門. 자금성의 남쪽 정문
** 錦衣衛. 황제의 의복을 관장하는 관서

사진은 청나라 건륭제에게 세계 각국의 사신들이 진상품을 들고 자금성 태화전으로 입조하는 장면을 그린 만국래조도의 한 장면이다. 그림 속에 코끼리 두 마리가 진상품을 싣고 등장하고 있다. 아래 사진은 북경 자금성 후원에 있는 코끼리 상의 모습이다.

위에서부터
사진 60-2 만국래조도(부분)
사진 60-3 자금성 후원의 코끼리상

六十一

주점에서 한바탕 호기를 부리다

1780년 8월 11일, 열하에 도착한 지 사흘째 되는 날, 연암은 날이 샐 무렵 정사를 따라 피서산장에 갔다가 일찍 여정문을 나와 열하의 시가지를 구경했다. 과일가게에 들어가 과일도 사고 길거리에서 싸움을 벌이는 사람들을 구경하면서 유유자적한 것이다. 번화한 거리에 있는 주점에 들어가 술을 마시며 호기를 부리는 이야기는 이날의 《열하일기》에 수록되어 있다.

한 과일가게에 들어가니 새로 난 과일이 산더미처럼 쌓였다. 중국 엽전으로 배 두 개를 사서 나왔다. 맞은편 술집의 푸른 깃발이 난간 앞으로 펄럭거리고, 은으로 만든 주전자와 주석으로 만든 술병이 처마 밖으로 너울너울 춤을 춘다. 푸른 난간은 공중으로 걸쳤고, 금빛 현판은 햇살에 번쩍인다. 좌우의 술집 깃발에는 '神仙留玉佩 公卿解金貂(신선은 옥 패물을 맡기고 벼슬아치들은 금관자와 담비옷을 벗는다)라고 씌어 있다. 다락 밑에는 여러 대의 수레와 말이 있고, 다락 위에선 사람들의 웅얼거리는 소리가 마치 벌과 모기떼 같았다.

나는 발걸음 가는 대로 다락 위로 올라갔다. 탁자를 사이에 놓고 몽골족이나 회족들 여러 명이 끼리끼리 모여 앉았고, 만주족이고 한족이고 간에 중국 사람은 한 사람도 없었다. 오랑캐들의 생김새가 사납고 더러워서 올라온 것이 후회되기는 하나, 이미 술을 청했는지라 자리에 앉았다.

점원이 와서 "몇 냥어치 술을 마시렵니까?" 하고 묻는다. 중국에서는 무게를 달아 술을 파는 것이다. 나는 넉 냥을 주문했다. 점원이 가서 술을 데우려 하기에, 나는 "데우지 말고 찬 것 그대로 가져와"라고 했다. 점원이 웃으며 술을 들고 와서 작은 잔 둘을 탁자 위에 벌여 놓으므로, 나는 담뱃대로 그 잔을 쓸어 엎어 버리고 "큰 술잔을 가져 오라" 해서 그 잔에 술을 모두 부어서 단번에 들이켰다. 뭇 오랑캐들이 서로 돌아보면서 놀라지 않는 자가 없었다. 내가 호쾌하게 마시는 것을 장하게 여기는 모양이었다.

중국에서 술 마시는 법은 매우 얌전하다. 한여름에도 데워 먹으며, 소주도 끓인다. 술잔은 은행알만 한데 이빨에 대고 조금씩 마실 뿐, 큰 종지나 사발에 따라 단숨에 쭈욱 들이키는 경우는 아예 없다. 내가 찬술을 달라고 해서 넉 냥을 단숨에 마신 것은 일부러 대담한 척하려고 한 것이지 용기가 아니었다.

주머니에서 8푼을 꺼내어 점원에게 술값을 치르고 나오려는데, 여러 오랑캐가 모두 머리를 조아리며 다시 한 번 앉기를 권하고는, 그중 한 사람이 제 자리를 비워서 나를 붙들어 앉힌다. 나는 벌써 등에 땀이 배었다. 오랑캐 하나가 일어나 술 석 잔을 부어 탁자를 두드리면서 마시기를 권한다. 나는 일어나 그릇에 남은 차를 난간 밖에 버리고는, 그 석 잔을 모두 부어 단숨에 쭈욱 들이켜고, 몸을 돌려 한 번 꾸벅 인사를 한 뒤 큰 걸음으로 계단을 내려왔다. 무엇이 뒤따라오는 것 같아 모골이 송연했다. 나와서 길 가운데 서서 위층을 쳐다보니, 웃고 지껄이는 소리가 요란하다. 아마 내 말을 하는 모양이다.

애주가였던 연암 박지원은 《열하일기》 전편에서 술 이야기를 자주 언급했다. 그러나 중국인들이 술을 대하는 모습을 보고 난 다음에는, 조선 사회의 술 문화에 문제의식을 느끼기도 한다. 열하에서 다시 연경으로 돌아간 날의 《열하일기》를 읽어본다.

《열하일기》 환연도중록 8월 20일

우리나라 사람들이 술을 마시는 습속은 천하에서 가장 독하다. 술집도 모두 항아리 구멍처럼 생긴 들창문에 새끼줄로 얽어맨 문을 달아놓은 초라한 곳이다. 길가의 작은 문에 새끼줄로 발을 드리우고 체바퀴로 등불을 매단 곳은 반드시 술집이다.

그러나 마시는 술의 양은 너무나 커서 커다란 사발에 술을 따라 이맛살을 찌푸리며 한꺼번에 들이키곤 한다. 무작정 술을 뱃속에 들이붓는 것이요, 마시는 것이 아니라 배불리는 것이다. 그러므로 한 번 술을 마시면 반드시 취하고, 취하면 주정을 하고, 주정하면 격투를 시작하여, 술집의 항아리와 사발들을 남김없이 차 깨뜨려 버린다. 이 지경에 이르러서는 소위 풍류의 모임이라는 취지가 아랑곳없어진다. 중국의 호화로운 술집 장식들을 고스란히 압록강 동편*에 옮겨 놓는다 해도 하룻저녁도 참지 못하고 그릇이나 골동품이 죄다 박살 날 것이고, 화초들은 꺾이고 짓밟히게 될 것이다. 참으로 안타까운 일이다.

내 친구 이주민李朱民은 풍류가 넘치고 운치를 아는 선비로서 한평생 중국을 목마른 사람이 물을 찾는 것처럼 연모하였지마는, 유독 술버릇은 중국의 방식을 기뻐하지 않아 술잔의 대소와 술의 청탁을 헤아리지 않고, 손결에 닿으면 곧 기울여 입을 벌리고 한꺼번에 들이키곤 한다. 친구들은 이를 복주라 하여 고상한 말로 놀려대곤 했다. 이번 연행에 자제군관 자격으로 함께 오기로 되었는데, 누군가가 그를 술주정이 심하다고 헐뜯는 바람에 결국 못 오게 되었다.

그는 십 년 세월 동안 술을 함께 마신 친구이다. 그는 술을 마셔도 얼굴이 단풍잎처럼 벌겋게 달아오르지도 않고, 토하지도 않으며, 마실수록 더욱 늠름해진다. 다만 술잔을 입으로 털어 넣는 것이 흠이라면 흠이다. 그는 그것을 나쁜 습관이라고 인정하지 않았다. 만리타향에서 갑자기 그 친구가 생각난다. 이주민은 지금 이 시각에 어느 집 술자리에 앉아 왼손에 술잔을 잡고 만 리 밖으로 유람 온 친구를 생각하고 있을까?

---

* 우리나라를 의미

연암 박지원은 조선사회의 술버릇에 대해 문제점을 직시하고 있지만, 그의 친구인 이주민에 대해서는 그리움을 표현하고 있다. 이 글을 보면 이주민은 요즘말로 하면 '원샷'으로 술 마시기를 좋아한 모양인데 당시에는 '술잔을 엎는다'는 '복주覆酒'라는 말을 사용했다. 이주민도 자제군관으로 연암과 함께 연행길에 오르기로 했으나 그러한 술버릇 때문에 제외된 듯하다.

아래의 사진은 오늘날 북경의 젊은이들이 많이 찾는 십찰해什刹海에 있는 카페의 모습이다.

사진 61-1 북경 십찰해 부근의 카페

六十二
사신과 함께 열하문묘에 배알하다

1780년 8월 14일은 황제의 명에 의해 열하를 떠나 연경을 향하기 전날이다. 이날 오후에 연암은 정사 박명원을 비롯한 조선의 사신들과 함께 열하문묘의 대성전大成殿에 들어가 배알했다.

조선의 사신 일행은 열하문묘의 서쪽 구역인 태학관에서 7일간 머물렀다. 문묘는 공자와 그 제자의 위패를 모시는 사당이며, 조선의 선비들은 모두 공자의 제자들이었다. 그들이 공자의 모국에 가서 공자의 위패가 모셔진 문묘에 배알하는 것은 그 자체로도 영광된 사건이었다.

더욱이 열하의 문묘는 공자의 고향인 곡부의 공묘孔廟, 연경의 국자감國子監과 함께 공자를 받들어 모시는 3대 문묘로서의 위상과 권위가 있었기 때문에 감격

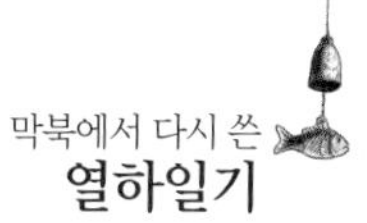

을 더할 수밖에 없었다. 연암 박지원은 문묘 바로 옆의 태학관에서 머무르다 열하를 떠나기 전날에 사신들을 따라 대성전에 배알했다. 이날의 《열하일기》를 읽어본다.

《열하일기》 태학유관록 8월 14일

오후에는 사신이 대성전에 배알했다. 주자의 서열을 높여 십철*의 아랫자리에 모셔 두었다. 위패는 모두 붉은 칠을 하고 금을 녹여 글씨를 썼는데, 옆에는 만주글자를 병기했다. 대성문大成門 바깥벽에는 검은 비석을 세우고, 강희황제와 옹정황제 및 지금의 황제가 친히 제정한 훈시를 새겨 두었으며, 마당에 세운 비석은 작년에 세웠다는데, 역시 황제가 세운 것이라 한다.

그리고 대성전 뜰에는 정교하게 조각한 한 길 남짓 되는 향정**이 있다. 전각 안에는 위패 앞마다 작은 향로 한 개씩을 두었는데, 모두 건륭 기해년에 만든 것이라 새겨져 있다. 위패마다 앞에는 붉은 구름무늬의 휘장을 드리웠다. 양쪽 행랑채의 위패들도 대성전의 방식과 다름없이 이루 말할 수 없이 장엄하고 화려하다.

---

* **十哲.** 공자의 제자중에서 가장 뛰어난 10명의 제자, 즉 안회, 민자건, 염백우, 중궁, 재아, 자공, 염유, 자로, 자유, 자하를 의미함

** **香鼎.** 향을 피우는 솥

1776년에 건륭제에 의해 건립되기 시작한 열하의 문묘는 1780년 5월에 완공되었다. 이후 건륭제 시대에 17차례, 가경제 시대에 14차례 공자에게 제사를 지냈고 함풍제는 1860년에 한 차례 공자의 문묘에 제사를 지냈다. 청나라가 멸망하고 민국시대를 거쳐 1933년에는 일본이 만주국을 건국하면서 일본 제국주의

사진 62-1 대성문

의 손에 넘어갔던 열하문묘는 1948년 신중국 건국 이후 중학교로 사용되면서 완전히 파괴되었다.

오늘날의 문묘는 2013년경 정부 차원에서 복원을 완료해 일반에 공개하고 있다. 연암 박지원도 문묘가 건립된 후 3개월 만에 그곳에서 머물렀음을 기억한다면, 비록 지금의 건물이 240여 년이 지난 최근에 복원한 것일지라도 여전히 의미 있는 곳이 아닐 수 없다. 사진은 열하문묘의 정문인 대성문의 사진이다.

문묘의 정문인 대성문을 열고 들어가면 대성전 앞 뜰에 비정碑亭이 나타난다. 비정은 비석을 보호하기 위해 세운 전각을 의미한다. 비정 안에 서 있는 비석에는 건륭제의 친필인 熱河文廟碑記(열하문묘비기)가 양각으로 새겨져 있다.

다음의 사진은 문묘의 정전인 대성전이다. 대성전은 공자의 고향 곡부의 공묘

위에서부터
사진 62-2 열하문묘의 비정
사진 62-3 열하문묘의 대성전

대성전이나 북경의 국자감 대성전에 비해 규모가 작고 아담하다. 대성전 안에는 공자의 소상이 안치되어 있으며 소상의 옆으로는 제례에 사용되는 악기가 배열되어 있다. 그 옆으로는 공자 제자들의 위패가 모셔져 있다. 연암이 살펴본 위패도 바로 이곳에 있던 것이다.

사진 62-4 대성전 내부의 공자 소상

환연도중록

還燕道中錄

열하에서 연경으로 돌아오는 6일간의 기록

(1780년 8월 15일~8월 20일)

六十三

예부의 문서날조를 항의하고 연경으로 향하다

1780년 8월 14일 오후 건륭제로부터 '조선의 사신은 연경으로 돌아가라'는 명이 떨어진다. 사행단은 밤늦게까지 짐을 꾸리고 떠날 준비를 했다. 다음 날 아침 조선의 사신들은 청나라 예부에서 사신이 황제에게 올린 글을 마음대로 고쳐버린 사실을 알게 되어 이를 바로잡기 위해 동분서주한다. 도대체 무슨 일인지 그 경위를 살펴보면 대강 다음과 같다.

1780년 8월 9일 조선의 사신이 열하의 태학관에 도착하자, 청나라 조정의 군기처 장경이 와서 "조선의 정사는 2품 끝의 반열에 서도록 하라"는 건륭제의 조칙을 통보하였다. 이어 청나라 예부에서는 '전례 없는 황제의 은혜에 고마움을 표시하는 글을 써서 예부로 보내라'는 요구를 해 왔다. 이에 부사와 서장관이 의논하여 이날 중에 글을 지어 예부에 보냈고 황제에게 아뢰도록 했다.

사신들이 조선으로 출발하기 위해 청나라 예부 주객사[8]로부터 그간 양국에 오간 문서 사본을 전달받았다. 그런데 그 문서 중에 조선의 사신이 올린 글을 예부에서 조작해서 황제에게 보고한 것이 드러났다. 8월 9일 조선의 정사가 올린 문건과 조작된 내용이 《열하일기》 행재잡록行在雜錄에 실려있다.

《열하일기》 행재잡록

엎드려 아뢰옵나이다. 조선국 국왕이 황상의 만수절을 당하여 그 기쁨을 이기지 못하고 신 등으로 하여금 국서를 받들고 와서 경하하게 하였는데, 열하에 이르러 예를 거행하도록 해 주시니 영광스럽고 행복하옵니다(예부는 여기에다 '성스러운 승려를 뵈옵고 복을 받았다' 라는 내용을 첨가했다. 이하 모두 연암 박지원의 주석).

또 파격적인 성은이 작은 나라의 천한 사신에게 미쳤으니, 영광된 바는 실로 일찍이 없었던 일입니다(예부는 이 구절을 '국왕과 사신과 따라온 사람들에게는 비단과 은을 더 주었다' 는 말로 바꾸었다).

돌아가서 마땅히 국왕에게 아뢰어서 황제의 은혜에 감격하게 할 것이니, 예부의 대인들도 대신 아뢰주시기 바랍니다(예부에서 '표문을 갖추어 감사의 뜻을 올렸습니다' 라고 첨가하였다).

---

8) **主客司**. 예부 산하기관으로 외국의 사신을 접대하는 업무를 담당하는 부서

예부에서 조선의 사신이 올리지도 않은 구절을 첨가한 것은 현실적으로도 많은 문제가 있었다. 우선 유교 국가인 조선의 사신이 아무리 청나라 황제가 라마교 신봉자라고 하더라도 함부로 '라마의 성승'을 운운하는 것은 귀국 후 호시탐탐 기회를 노리는 반대파로부터 탄핵을 당할 가능성이 큰 사안이었다. 또 '국왕과 사신과 아울러 따라온 사람들에게 비단과 은을 더 주었다'는 구절은 귀국 후 왕에게 황제로부터 받은 하사품의 목록을 제출해야 하는데, 받지도 않은 하사품을 받은 것처럼 기재되어 있어 마치 사신들이 황제로부터 받은 상급을 횡령한 모양새가 될 가능성이 큰 대목이었다. 뿐만 아니라 '표문을 갖추어 감사의 뜻을 올렸습니다'는 구절은 조선 국왕의 권한을 사신이 마음대로 대신한 것으로 규정되어 반대파로부터 역모죄로 규탄받을 수 있는 구절이기도 했다.

사정이 이와 같으니 조선의 사신들에게는 이 문건이 장래에 큰 폐단이 될 것임이 틀림없는 사건이었다. 이제 8월 15일 열하를 떠나는 날 아침의 사정을 《열하일기》에서 읽어본다.

《열하일기》 환연도중록 8월 15일

> 사신들이 의논했다. "이제 우리는 연경으로 돌아가야 할 것이나, 예부에서 우리 사신을 거치지 않고 황제에게 올린 표문을 고쳤다니 해괴한 일이다. 이를 그대로 두고 변명하지 않는다면 장래에 큰 낭패가 있을 것이므로, 마땅히 다시 예부에 글을 제출하여 그들이 몰래 고친 사실을 밝힌 후에 길을 떠나야겠다" 이에 역관으로 하여금 예부에 글을 제출하게 했다.

조선의 사신들은 열하를 출발하기 이전에 이미 청나라 예부에서 문서를 조작한 사실을 알고 항의했으나 전혀 시정되지 않았다. 결국 열하를 출발하는 날까지 담당 역관을 예부의 조방으로 보내어 조작된 문서를 바로잡아보려고 했으나 면박만 당하고 왔다. 그래서 사신이 직접 글을 올려 예부상서 덕보에게 항의했으나, 그는 사신이 보낸 글을 펴보지도 않고 청나라 통역관인 제독에게 역정을 내며 책임을 떠넘긴다.

예부상서 덕보는 제독에게 "이 일에 대한 허물을 예부에 떠넘기고자 하는 것인가. 예부에서 문책을 당한다면 너희 사신인들 좋겠는가. 그리고 너희들이 올린 표문에는 전혀 성의를 표한 내용이 없고 모호하여 내가 너희들을 위하여 여러 가지 방안을 마련해 영광스럽고 감격한 뜻을 펼쳐 주었는데 불구하고 도리어 이렇게 한단 말이냐. 이는 실로 제독의 과오가 더 크다"라고 하고는 우리가 올린 글을 읽어보지도 않고 물리쳤다.

사신이 제독을 맞이하여 예부에 대한 모든 사정을 상세히 물어보니, 이야기가 몹시 장황해서 알아듣기 어려워 한참 동안을 멍하고 있을 뿐이다. 예부에서는 사람을 보내어 즉시 연경으로 출발할 것을 재촉하며, '사신 일행이 떠나는 시간을 적어서 위에다 아뢰겠다' 라고 압박한다. 이렇게 빨리 출발하라고 재촉하는 것은 다시 글을 제출하지 못하게 하려는 수작이 틀림없다.

1780년 8월 15일 정오 무렵, 사행단은 황제의 권위를 등에 업은 청나라 예부의 위세와 겁박에 등 떠밀려 조작된 문서를 바로잡지도 못하고 열하를 출발한다. 이때 연암 박지원은 공자의 제자로서 그간 머물던 태학관을 떠나는 감흥을 표현했다.

사진 63-1 열하 표지석

아침을 먹고 길을 떠났다. 해가 벌써 정오를 넘긴 시각이다. 돌이켜 생각하면, 뽕나무 아래에 사흘 밤을 묵은 일도 추억으로 남는다는데, 나는 공자님을 모시고 엿새 밤을 지났을 뿐 아니라, 숙소인 태학관이 깨끗하고 화려하여 잊혀지지 않는다. 내 일찍부터 과거를 포기하여 하찮은 진사도 되지 못하였기에 성균관에서 수양할 수도 없었다.

이제 우리나라를 떠나 만 리 밖 머나먼 변방의 이곳 태학관에서 엿새 동안 생활한 것이 마치 처음부터 이곳에 있었던 것처럼 생각되니 이것이 어찌 우연이겠는가. 또한 조선의 선비로서 중국을 두루 유람해 본 사람으로는 신라 시대 최치원이나 고려 시대의 이제현 같은 분들이 있을 뿐이다. 그들은 비록 서촉과 강남을 두루 밟았지만, 이곳 만리장성 북쪽의 변방까지는 와볼 기회가 없었다. 앞으로 조선에서 천 년이 지나더라도 과연 몇 사람이나 다시 이곳까지 와볼지 모르겠다. 아 슬프다. 이 세상에 태어나 기약이 없음이 이와 같단 말인가?

〈63-1〉은 피서산장의 열하천熱河泉 발원지에 세워진 열하 표지석의 모습이다.

六十四
다시 연경에 도착하다

1780년 8월 15일 열하를 출발한 조선의 사신 일행은, 연경에서 열하로 오던 길을 되돌아 쌍탑산, 하둔, 왕가영, 삼간방, 고북구, 석갑성, 밀운현, 회유현을 거쳐 8월 20일 오전에 연경의 덕승문德勝門에 도착했다. 열하로 갈 때는 동직문을 나가고 돌아올 때는 덕승문을 통해서 들어온 것이다. 열하를 떠나 다시 연경에 도착하는 노정을 지도상에 표시해 본다.

8월 20일 오전에 사행단은 연경의 덕승문에 도착하여 북경의 서관에 남아있던 일행들을 다시 만난다. 이날의 기록에는 그들과 정겹게 만나는 장면이 묘사되어 있다.

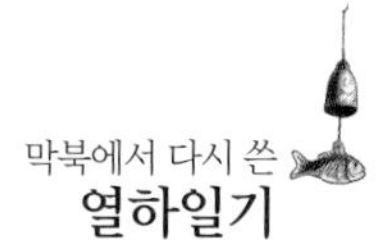

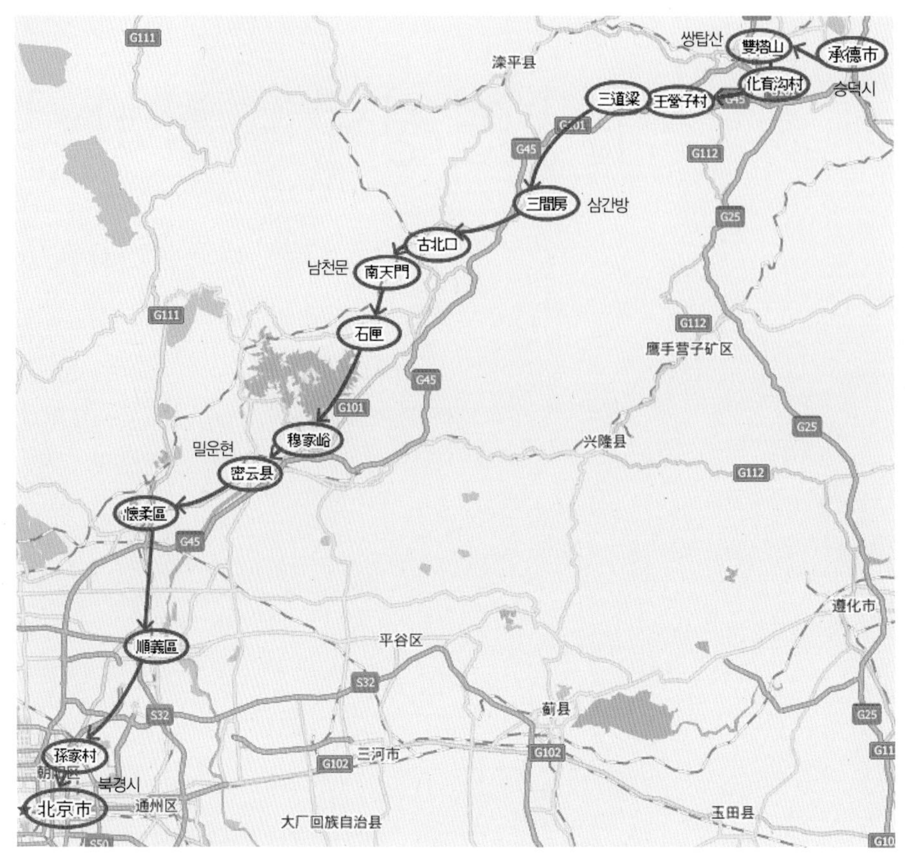

사진 64-1 열하에서 북경으로 돌아오는 노정

환연도중록 8월 20일
《열하일기》

사신 일행이 열하로 떠난 뒤에도 연경의 서관에 남아있던 역관, 비장, 하인들이 길 왼편에서 기다리고 있다가 말에서 내려 다투어 손을 잡고 그간의 노고를 위로한다. 박래원만은 보이지 않는데, 그는 멀리까지 나와 맞이한다며 혼자 아침을 먼저 먹고 나갔으나 동문으로 잘못 가서 길이 어긋났다고 한다.

창대는 장복이를 보자마자 그동안 서로 떠나 있던 괴로움은 말하기도 전에 대뜸, "너에게 줄 별상금을 가지고 왔다"라고 했다. 그러자 장복이는 안부도 묻지 않고 웃는 얼굴로, "상금은 몇 냥이더냐?"라고 되묻는다. 창대가 "1,000냥인데, 당연히 너하고 반반씩 나누어야지"라고 한다.

장복이는 "너, 황제를 보았니?"라고 물었고, 이에 창대는 "보고말고. 황제의 눈알은 호랑이 눈 같고, 코는 화로처럼 생겼더라. 옷을 벗은 채 벌거숭이로 앉아 있더구만"이라고 한다. 이에 장복이가 "모자는 무얼 쓰고 있더냐?"라고 물으니, 창대는, "황금으로 된 투구를 쓰고 있더라. 나를 불러서 커다란 술잔에 술을 한 잔 부어 주면서 '네가 서방님을 잘 모시고 험한 길도 꺼리지 않고 왔으니, 참으로 기특하구나'라고 하셨어. 그리고 정사의 벼슬을 일품각로로, 부사를 병부상서로 올려 주더라"라고 대답하는데 황당한 거짓말이 아닌 게 없다. 비단 장복이만 그 거짓말에 깜빡 속아 넘어간 게 아니라, 하인들 중에 사리를 좀 안다고 하는 자들까지도 믿지 않는 사람이 없었다.

변군과 조 판사가 나와서 환영을 해 준다. 이윽고 서로 손을 잡고 길옆에 있는 술집으로 들어갔다.

압록강을 건널 때부터 연암 박지원의 마부로 따라온 창대와 장복이의 대화는 익살스럽고 흐뭇하기 그지없다. 또 애주가인 연암이 압록강을 건너올 때부터 생사고락을 함께했던 변계함과 조달동을 다시 만나 술 한잔 하는 모습은 정겨움이 묻어나는 모습이다.

이윽고 연암은 다시 서관의 숙소로 돌아온다. 하인들은 연암이 열하에 갈 때는 없었던 보따리 하나를 더 가져온 것을 궁금해한다. 혹시 그 속에 황제가 하사한 돈이라도 있을까 기대한 것이다.

내가 창대에게 보따리를 풀어서 모두 살펴보게 했다. 특별한 물건은 없고 단지 지니고 갔던 붓과 벼루뿐이며, 두툼하게 보였던 것은 모두 필담을 하느라 갈겨 쓴 초고와 유람하며 적은 일기였다. 그제야 사람들은 궁금증이 풀렸다는 듯 웃으며, "어쩐지 이상하다고 했지. 갈 때는 보따리가 없더니, 올 때는 보따리가 너무 커졌더라니" 한다. 장복이는 서운한 표정으로 창대에게, "야. 황제가 하사한 특별상금은 어디 있는 거야?" 라고 한다.

한편 연암 박지원은 보름 만에 연경으로 돌아와 서관에 머물던 일행을 만난 덕승문의 역사에 대해서 별도로 설명하고 있다.

덕승문은 원나라 때는 건덕문이라 했는데 명나라 홍무洪武 원년에 대장군 서달徐達이 지금의 이름으로 바꾸었다.

에센也善이 상황*의 위세를 업고 자형관**을 격파하고 곧바로 들어와 연경을 넘볼 때였다. 병부상서 우겸이 석형과 부총병副摠兵 범광무를 거느리고 덕승문 밖에 진을 치고 싸움을 독려하며, '장수가 군졸을 돌보지 않은 채 먼저 물러서는 자 있다면 그 장수를 벨 것이요, 군졸로서 장수를 돌보지 않은 채 먼저 물러서는 자 있다면, 뒤의 부대가 앞의 부대를 죽일 것이다' 라고 호통쳤다. 이에 장수와 군졸들이 죽기를 각오하고 명령을 따랐다. 닷새 동안 에센이 가끔 도전하였으나, 응하지 않았을 뿐만 아니라 싸워도 이롭지 못하였기에 할 수 없이 상황을 모시고 북으로 떠났다.

이제 이 문밖의 민가나 상가가 모두 정양문과 다름없이 번화하며 평화로운지도 오래 되었다.

---

* 에센에게 포로로 잡힌 영종을 의미

** **紫荊關**. 하북성에 있는 관문

사진 64-2 덕승문 야경

1449년 명나라 황제 영종이 무모한 친정에 나섰다가 전군이 궤멸되고, 황제는 토목보에서 적군인 몽골 오이라트부의 추장 에센에 의해 포로가 되는 사건이 있었다. 중국 역사상 이를 '토목土木의 변'이라 한다. 황제가 포로로 잡혀가는 참사가 일어나자 북경에 남아있던 병부상서 우겸은 황태후의 명을 받들어 영종의 동생을 황제로 옹립하여 경제景帝로 즉위시킨 다음 군사들을 독려하여 북경을 방어했다. 당시 덕승문은 닷새 동안이나 치열한 공방전이 벌어진 싸움터였다. 사진은 덕승문 전루箭樓의 야경을 촬영한 것이다. 그 옛날 열하에서 연경으로 들어오는 주된 통로였던 덕승문은 오늘날에도 북경시의 여러 간선도로가 교차하며 교통의 요충지 역할을 그대로 담당하고 있다.

한편 북경성 공격에 실패한 에센은 영종을 포로로 잡아 큰 보상을 기대했으나, 뜻대로 되지 않자 이듬해 영종을 석방하여 돌려보냈다. 포로로 잡혀있던 영종이

사진 64-3 오늘날의 덕승문 주변 풍경

돌아오자, 경제는 형 영종을 실권이 없는 태상황으로 봉하고 별궁에 머물게 하였으며, 외출은 물론 조정의 신하들과도 만나지 못하게 했다.

8년 후, 황태자 책봉 문제로 대립이 극심해지고 마침 경제가 병상에 눕게 되자 영종은 궁중 쿠데타인 '탈문奪門의 변'을 감행하여 황제의 자리에 복귀했다. 영종의 복벽이 성공하자 토목의 변으로 위기에 처한 나라를 구했던 병부상서 우겸은 영종에 의해 만고의 역적으로 지목되어 참살되고 말았다.

세월이 흘러 이제 중국 역사에서 우겸은 다시 한족의 민족 영웅으로 추앙받고 있다. 이에 그를 기리는 우겸사于謙祠가 북경시 중심가에 조성되어 있다. 다음의 사진은 북경시 도심의 건국문내대가建國門內大街 남쪽에 위치하는 우겸사의 정문이다.

입구에 있는 안내판에 의하면 우겸은 명나라 시대의 걸출한 군인이자 정치가였으나, 영종 복벽 후인 1457년에 참살되었으며, 1595년(만력 23년)에 그의 사저가 있던 자리에 충절사忠節祠가 건축되었다. 현재의 우겸사는 청나라 후기에 충절사가 중건된 건물이며, 1984년 북경시 문물보호단위로 지정되었다고 한다.

그런데 우겸사는 여러 차례 찾아갈 때마다 문이 잠겨있어 들어갈 수가 없었다. 문틈으로 살펴보니 마당에는 잡초가 무성하고 폐허처럼 변해있다. 중국에서는 문화재의 관리를 민간업자에게 맡기는 경우가 많은데 업자가 파산하거나 관리가 허술한 경우 문화재관리가 엉망이 되는 경우가 제법 있다. 살아있을 때는 충절을 다했으나 영종이 복위되는 바람에 참살된 우겸의 일생처럼, 사당도 폐허로 변하고 있다는 생각에 한 번 들어가지 못하고 되돌아서는 발걸음이 쓸쓸해진다.

위에서부터
사진 64-4 우겸사 정문
사진 64-5 우겸사

황도기략

黃圖紀略

북경의 이곳저곳을 둘러본 기록

六十五
자금성을 둘러보다(1)

1780년 8월 20일 연경에 도착한 연암은 그날부터 9월 17일까지 연경의 서관에 머물렀고, 연경에서 출발해 40일이 지난 10월 27일에 비로소 한양에 도착했다. 26일간 연경에 머무른 연암은 오늘날 중화인민공화국의 수도인 북경의 여러 곳을 유람하면서 《열하일기》 '황도기략黃圖紀略', '알성퇴술謁聖退術', '앙엽기盎葉記'에 상세한 기록을 남겼다. 황도기략은 북경의 이곳저곳을 살펴본 기록이고, 알성퇴술은 공자의 사당을 참배하고 나온 기록이며, 앙엽기는 주로 북경의 사찰을 답사하고 남긴 기록이다. 이제 오늘날의 북경에서 연암의 발자취를 따라 황도기략부터 시작해 한 걸음 한 걸음을 옮겨본다.

연암이 연경에 도착하여 유람을 할 당시 건륭제는 열하에 그대로 머물고 있었다. 그래서 상대적으로 궁궐의 경비가 삼엄하지 않았는지 오문으로 들어가 태화전 등 자금성紫禁城의 여러 곳을 둘러보았다.

자금성은 북경의 중심에 있는 명·청 왕조의 궁궐이다. '자금紫禁'이란 북두성北斗七星의 북쪽에 위치한 자금성紫禁星이 '천자의 별'이라는 전설에서 비롯되었다. 또한 '황제의 허가 없이는 누구도 출입할 수 없다'는 것을 의미하기도 했다.

자금성의 크기는 동서 760m, 남북 960m이며, 면적은 72만㎡에 달한다. 외곽은 높이 11m인 담장이 사방 4km를 둘러싸고 있다. 자금성에는 800채의 건물과 9,999칸(실제로는 8,886칸)의 방이 배치되어 있다. 자금성 건축에는 1억 개의 벽돌, 2억 개의 황색 유리기와가 사용되었으며, 때로는 무게가 200t인 돌을 수십 km 떨어진 채석장에서 운반했다. 또한 사천성의 나무를 기둥으로 쓰기 위해 4년에 걸쳐 운반하기도 했다. 자금성 바닥에는 땅 밑에서 뚫고 올라올지 모를 침입자를 막기 위해 40여 장의 벽돌을 겹쳐 쌓았다. 성 안에는 자객을 방지하기 위해 후원後園을 제외하고는 나무가 전혀 없다.

중국 역사상 만리장성 이후 최대의 역사인 자금성은 명나라 3대 황제인 영락제에 의해 15년간 20만 명의 인원이 동원되어 건설되었다. 영락제는 자금성이 완성된 1421년 북평北平을 오늘날의 이름인 북경北京으로 고쳐 수도로 삼고 자금성에 머물기 시작했다. 이후 청나라 때까지 500여 년간 자금성에서는 24명의 황제가 살았다.

신해혁명 이후 청나라의 마지막 황제 푸이溥儀가 퇴위하면서 자금성은 황제의 궁전이라는 지위를 잃게 되었다. 이제 자금성은 고궁박물원故宮博物院으로서 일반에게 공개되어 해마다 중국인과 외국인 800만 명의 관광객들이 찾는 주요 명소가 되었다.

경산공원에서 자금성 북쪽의 신무문神武門 방향으로 사진을 찍어보았다.

사진 65-1 자금성

六十六

자금성을 둘러보다(2)

천안문

연암은 자금성의 곳곳을 둘러보고 황도기략에 상세한 글을 남겼지만 정작 오늘날 자금성의 입구로 알려진 천안문天安門에 대해서는 별도로 설명하지 않고 있다. 아마 자금성의 정문은 오문午門이고, 천안문은 북경성 내성의 남문이었기 때문에 자금성을 설명하면서도 따로 다루지 않은 것으로 보인다. 연암은 오문을 시작으로 자금성을 설명하고 있다. 물론 연암이 자금성에 들어가기 위해서 천안문을 통과한 것은 당연하다. 그래서 그는 화표를 설명하면서 천안문을 언급하고 있다.

천안문은 자금성으로 들어가는 네 개의 주요 관문 중 하나로 '하늘나라 평화의 문'이라는 의미이다. 명나라 때인 1420년(영락 18년)에 완공되었다. 당시에는 지붕에 황색기와를 얹고 처마 귀퉁이는 하늘로 향한 패루였으며 이름도 승천문이었다. 이 승천문은 1644년 이자성의 농민군이 자금성을 공격할 때 소실되었으며, 1651년에 새로 성루城樓로 증축하면서 이름도 천안문으로 고쳤다.

천안문 성루에는 지름 2m의 붉은색 나무기둥 60개가 떠받치고 있는데, 이는 60갑자를 의미하며 왕조가 끊임없이 순환된다는 상징성을 지닌다고 한다. 천장, 서까래, 기둥에는 황제를 상징하는 용을 그려 넣었다. 성루의 지붕에는 황색 유리기와를 얹었으며 용마루 양 켠에는 용, 봉황, 사자, 기린 등 아홉 짐승과 신선 한 명이 서 있다.

성루에는 문동[9]이 5개 있다. 한 가운데 있는 황제가 출입하는 문동이 제일 크다. 중화인민공화국 건국 후부터 천안문 중앙에는 5t 무게의 모택동 주석 사진이 걸렸고, 양옆에는 '중화인민공화국만세中华人民共和国万岁'와 '세계인민대단결만세世界人民大团结万岁'라고 새겨진 현판이 걸려 있다. 다음 사진은 오늘날의 천안문이다.

천안문 성루의 정면과 후면에는 석사자 한 쌍과 화표華表 한 쌍이 있다. 문 앞의 동쪽에는 오른발로 공을 놀리고 있는 수사자 상이 있는데 이는 황실의 위엄을 상징하며, 왼쪽에 왼발로 아기사자를 쓰다듬고 있는 암사자 상은 황실의 후손이 대대로 번창함을 상징한다.

화표는 궁전이나 능묘 사원 등의 입구에 세워 외관을 장식했던 돌기둥이다. 자금성의 화표는 높이가 10m, 무게는 5t이 넘는 화백옥에 구름과 용 문양을 조각해 세웠다. 화표 꼭대기에는 원반이 하나 있는데 승로반承露盤이라고 하고, 그 위에 상상 속의 동물 망천후望天吼가 앉아 있다.

9) 門洞. 대문에서 집 안에 이르는 지붕이 있는 통로

사진 66-1, 2 천안문

사진 66-3, 4 천안문의 석사자상

연암은 《열하일기》에서 경천주擎天柱, 즉 '하늘을 떠받치는 기둥'이라는 제목으로 화표를 설명하고 있다.

《열하일기》 황도기략

오문 밖 좌우에는 몇 길 되는 석사자를 두었고, 단문 안 좌우에는 큰 돌 거북 위에 육각 돌기둥을 세웠다. 기둥의 높이는 예닐곱 길은 되고, 기둥 몸에는 용 무늬를 둘러 새겼다. 기둥머리에 앉힌 물건은 무슨 형상인지 알아낼 수 없으나 모두 무엇을 잡아치는 형상이며, 천안문 밖에도 역시 이런 것이 한 쌍 있었는데 아마도 돌문인 것 같다.

사진 66-5 천안문 화표

천안문 앞의 대광장은 천안문광장이라 불린다. 천안문광장은 1902년 의화단운동義和團運動으로 천안문 주변이 피해를 입어 복구하는 과정에 광장으로 조성되었다. 광대한 천안문광장은 남북 880m, 동서 500m의 세계에서 가장 넓은 도시 광장이다.

1919년 5월 4일 북경의 청년 지식인들이 반외세운동의 일환으로 봉기한 5·4운동 이래 천안문광장은 정치집회에 많이 이용되었다. 특히 1949년 10월 1일 중화인민공화국 수립 선포식도 여기서 행하여졌다. 이날 모택동 주석은 천안문 성루에서 천안문광장에 운집한 20만의 중국인을 향하여 중화인민공화국의 성립을 선포했다. 사진은 1949년 10월 1일 천안문에서 중화인민공화국 성립 선포식에서 모택동 주석이 연설하는 장면이다.

오늘날, 천안문은 중국을 상징하는 곳으로 기능하고 있다. 이제 천안문광장 부근에는 인민대회당, 국가박물관, 모택동주석기념관, 인민영웅기념비 등 국가적 상징물들이 들어서 있다. 그 아래 사진은 천안문 성루에서 촬영한 천안문광장의 모습이다.

위에서부터
사진 66-6 중화인민공화국 선포식
사진 66-7 천안문광장

六十七
자금성을 둘러보다(3)
오문

천안문을 통과하면 단문端門이 있고, 단문을 지나면 오문午門이 나온다. 자금성의 정문인 오문은 높이 38m, 두께 38m로 세계 최대의 성문이다.

오문은 명나라 때인 1420년에 건축되었으나 화재로 여러 차례 소실되었다가 1647년 청나라 순치제에 의해 재건되었다. 오문의 '오午'는 정오에 태양이 위치하는 정남향을 의미한다. 성루는 음양오행설에 따라 음기를 막기 위해 정남향을 향하여 凹자 형태로 자리 잡고 있다.

오문 위에는 봉황이 날아가는 모양을 상징하는 오봉루가 있다. 오봉루는 다섯 개의 누각으로서 중앙의 가장 큰 누각은 황제만이 거동하는 공간이었다. 황제의 출병의식, 조서 반포, 승전 의식, 새해 역법의 반포도 이곳에서 진행되었다. 오문의 양쪽 누각은 종루와 고루로 황제가 오문을 통과해 행차할 때 종과 북을 쳐 알리던 곳이다.

또 오문의 중앙에 있는 대문은 황제만이 이용할 수 있었다. 황제 이외에는 황후가 시집올 때 한 번, 보화전에서 황제의 집전으로 치러지는 과거시험인 '전시'의 1, 2, 3등 합격자들이 궁궐에서 나갈 때 한 번 사용할 수 있었다. 동쪽의 문은 관료가, 서쪽의 문은 왕들과 제후들이 사용하던 문으로서 가마나 말에서 내려 걸어서 들어가야 했다. 연암은 오문을 지나면서 깊고 깊은 오문의 홍예문을 설명하고 있다.

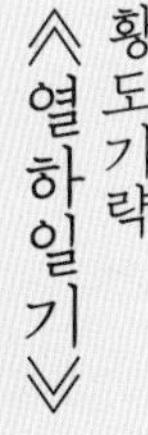

오문에는 홍예문*이 셋이 있다. 굴속에 들어가는 것처럼 깊어 여러 사람이 떠드는 소리가 쿵쿵 울려 요란하다. 다리 다섯 개는 모두가 백옥 난간이었다.

* 虹霓門. 무지개 모양으로 만들어진 문

다음의 사진은 오늘날의 자금성 오문과 그 중앙에 있는 38m 깊이의 홍예문의 모습이다.

위에서부터
사진 67-1 오문
사진 67-2 오문의 홍예문

六十八

자금성을 둘러보다(4)

태화전

태화전太和殿은 자금성 내에서 가장 큰 전당으로서 자금성의 정전이다. 명나라와 청나라의 역대 황제들은 황제즉위식, 혼례, 황후 책봉, 출병식, 황제의 생일, 설날, 동짓날에는 이곳에서 행사를 진행했다. 이외에도 황제는 이곳에서 문무관원의 아침 문안을 받고 각종 연회를 개최했다.

태화전은 명나라 때인 1420년(영락 18년)에 건립되었으나, 여러 차례 화재로 소실되어 중건되기를 반복하였고, 오늘날의 태화전 건물은 1695년 청나라 강희제 때 세운 것이다. 길이 64m, 폭 37m, 바닥면적 2,377㎡에 35m 높이로 솟아 있는 태화전은 자금성 안에서 가장 큰 건물이며, 현존하는 중국 최대 최고의 목

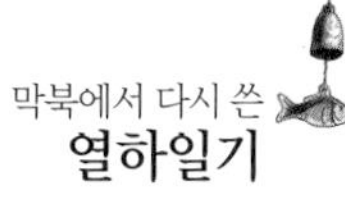

조 건물로서 그 자체로서 황제의 권위를 상징한다. 황제만이 사용할 수 있는 건축양식인 3단의 대리석 기단이 있는 형태이며, 모두 72개의 기둥으로 건물을 받치고 있다. 기둥 중에서 가운데 6개 기둥에는 용이 승천하는 금박문양이 새겨져 황제의 옥좌 주위를 장식하고 있으며, 나머지 기둥에는 붉은 옻칠이 되어 있다.

태화전의 주위에는 해시계와 장수를 상징하는 학과 거북 등 다양한 동물상이 놓여 있고, 지붕은 황금빛 유리 기와로 찬란한 빛을 발휘하고 있으며, 지붕의 네 모서리 끝에는 화재를 막으려는 의미로 물과 관련된 동물 문장들이 장식되어 있다. 연암은《열하일기》에서 태화전을 다음과 같이 설명한다.

태화전은 황색 유리기와로 이은 지붕에 아홉 층으로 기단을 쌓았다. 월대*는 3층으로 각층의 높이는 한 길이다. 층마다 용봉을 아로새긴 백옥 난간을 둘렀고, 난간의 머리는 이무기를 새겨 밖으로 향하게 했다. 또 축대 위에는 곧바로 훨훨 날아갈 듯한 학을 쇠로 만들어 세웠다. 첫 축대 난간에는 향로 여덟 개를 세워 놓았고, 둘째 축대에는 난간 모서리에 향로 두 개, 셋째 축대 난간 안쪽에 향로 한 개씩을 세워 두었는데, 향로의 높이는 모두 한길 정도이다. 뜰에는 역시 향로 30여 개를 늘어놓았는데 모두 귀신같은 솜씨였다.

태화문에서부터 백옥 난간이 이어져 태화전까지 닿았다. 그 난간은 태화전을 빙 둘러 중화전中和殿과 보화전保和殿에 이르는데 모양이 '亞' 자와 같다. 태화전 앞뜰은 거의 수백 보나 된다.

* **月臺**. 본채 앞쪽으로 돌출되어 계단과 이어진 편평한 대

사진 68-1 태화전

한편 태화전 앞의 광장은 3만 8,000㎡(1만 1,500평) 넓이로 병사 9만 명이 도열할 수 있는 크기이다. 이 광장의 바닥은 앞서 설명했듯 지하로 적이 침입하는 것을 방지하기 위해 회청색 벽돌로 40여 장을 쌓아 만들었고 자객의 은신처를 없애기 위해 나무를 심지 않았다. 이곳에서 황제 즉위식, 황제의 혼례 등 각종 의식이 행해졌으며, 신년 하례식에는 조선의 사신도 서쪽 뜰에서 중국의 신하들과 함께 삼배구고두의 의식을 거행했다. 사진은 태화전의 오늘날 모습이다.

〈68-2〉는 태화전 옥좌의 모습이다. 황제의 옥좌는 아홉 마리의 용으로 장식되어 태화전의 중앙에 있는 7단의 수미단 위에 놓여 있다. 옥좌 주위의 기둥은 승천하는 용이 황금문양으로 장식되어 있다.

〈68-3〉은 태화전 기단에 설치된 이무기 조각상들이다. 빗물을 받아내는 우수관로 역할을 했다. 〈68-4, 5, 6〉은 태화전 기단 위에 설치된 해시계와 학, 거북의 모습이다.

〈68-7〉은 태화전 기단 위의 향로이다. 〈68-8〉은 태화전 주위에 설치된 물항아리의 모습이다. 자금성의 대부분 건물은 목재를 주로 사용하여 건설했으므로 화재의 위험에 항상 노출되어 있었다. 그래서 화재진압을 위해 자금성 내에는 72개의 우물과 인공하천인 금수하가 설치되어 있었다. 또 건물 부근에는 곳곳에 대형 물항아리 308개를 비치해 놓았는데 이를 길상항吉祥缸, 또는 태평수항太平水缸이라 불렀다. 겨울철이 되어 물항아리의 물이 얼면 내관들이 불을 지펴서 얼음이 녹도록 해 놓았다.

사실 물항아리는 방화수 역할을 했지만 화마火魔가 물이 가득 담겨진 물항아리 안을 들여다보고는 무서운 자신의 얼굴에 놀라 도망친다는 주술적 의미도 있었다. 오늘날 중국인들은 황금으로 도금한 이 물항아리를 만지면 복을 받는다고 믿는다. 수많은 사람이 쓰다듬는 바람에 황금이 닳아 없어지다시피 한다.

〈68-9〉는 태화문의 모습이다. 오문으로 들어가 태화문을 통과하면 비로소 태화전이 나타난다. 태화문 앞에는 암수 한 쌍인 청동 사자상이 좌우에 있다. 〈68-10〉은 태화전에 연결되어 북쪽으로 배치된 중화전과 보화전이다.

사진 68-2 태화전의 옥좌

사진 68-3 이무기상

위에서부터
사진 68-4, 5, 6 태화전의 조각상
사진 68-7 향로
사진 68-8 물항아리
사진 68-9 태화문
사진 68-10 중화전과 보화전

六十八

자금성을 둘러보다(5)

체인각과 홍의각

태화전 앞뜰에서 동쪽에 있는 전각이 체인각體仁閣이고, 서쪽의 전각이 홍의각弘義閣이다. 체인각과 홍의각은 모두 1420년, 즉 명나라 영락 18년에 완공되었다.

체인각은 명나라 때는 문루文樓, 문소각文昭閣으로 불리다가, 청나라 때부터 체인각이 되었다. 체인각은 높이 25m, 2층 구조로서 황색 유리기와를 사용한 목조건물이다. 명나라 때 체인각은 과거시험을 보며 유능한 인재를 뽑던 곳이나, 청나라 때는 황제가 사용하는 물건을 보관하는 창고로 활용되었는데 특히 조정에서 사용하는 비단을 나무시렁에 쌓아서 보관하던 비단 창고의 역할을 했다.

한편 홍의각은 체인각 맞은 편에 위치하며 규모와 모양이 같은 전각이다. 홍의각은 명나라 때는 무루武樓, 무성각武成閣이라고 불리다가, 청나라 때부터 홍의각이 되었다. 청나라 때는 금, 은, 화폐 등 각종 보물과 황제의 연회에 필요한 금은으로 만든 그릇을 보관하는 재물창고의 역할을 했다. 오늘날 체인각과 홍의각에는 자금성 인근에서 출토된 유물이 전시되고 있다.

한편, 연암은 조공품을 바치는 역관을 따라 자금성에 들어갔으며, 태화전 앞뜰에 이르러서 태화전과 체인각과 홍의각을 둘러보았다. 연암이 체인각에 이르렀을 때는 조선의 조공품인 자주색 명주와 삼베를 받고 황제의 하사품인 비단을 내어주던 창고로 쓰이고 있었다.

《열하일기》 황도기략

태화전 앞 동쪽 전각을 체인각이라 하고, 서쪽 전각을 홍의각이라 한다. 축대 높이는 거의 태화전과 같으나 뜰 층계가 평평하고 한 층대 한 난간으로 되어 있다.

내무부 관원이 청나라 통역관과 함께 우리 역관을 대동하여 체인각으로 갔다. 그곳에 자주색 명주와 삼베를 조공품으로 바쳤다. 마침 청나라 관리 이시요의 가산을 몰수해 들이고 있었다. 이시요는 운귀총독 해명으로부터 금 200냥을 뇌물로 받은 죄로 가산을 몰수당하게 된 것이다. 중국에는 지위고하에 상관없이 모두 일정한 봉급을 준다.

만일 정한 금액 외에 사사로이 부과한 세금이 있다든지, 또는 뇌물을 받는다든지 하면 비록 그것이 털끝만 한 죄과라 하더라도 뇌물과 가산을 모조리 몰수하되 관직은 박탈하지 않는다. 이렇게 되면 벌거숭이로 직위에 있으므로 처자는 의지할 곳 없이 떠돌게 된다. 이 법은 명나라 때부터 시행되어 청나라에서는 더 엄격해졌다.

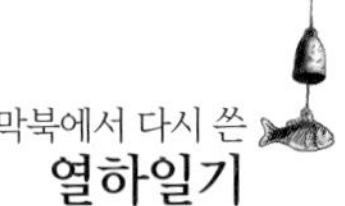

관원이 마주 앉아서 몰수품을 받아들이는데 부인네들이 입는 담비 가죽옷 200여 벌뿐이다. 그중 한 벌은 제법 길고 털 가장자리에는 황금으로 용무늬 수를 놓았다.

사진은 태화전 앞뜰에서 촬영한 체인각과 홍의각의 모습이다.

위에서부터
사진 69-1 체인각
사진 69-2 홍의각

七十

자금성을 둘러보다(6)

문화전과 무영전

문화전文華殿은 태화전 광장의 동쪽 담장 너머에 있으며 협화문協和門의 북동쪽에 있다. 문화전은 자금성 건립 초기에는 황태자가 후계수업을 받고 글을 읽던 전각이었다. 후대로 오면서 문화전은 황제의 집무실 또는 경연의 장소로 용도가 바뀌었다. 특히 청나라 황제들은 봄, 가을에 이곳에서 사서오경 강의를 듣고 직접 강론을 펴기도 했다. 이때 문신들은 어전에 꿇어앉아 황제의 강의를 들었으며, 강의를 마친 후에는 문연각으로 가서 장서를 열람하도록 했다. 연암은 태화전과 체인각을 둘러보고 그 부근의 문화전과 무영전에 이른다.

《열하일기》 황도기략

옹화문*을 나서면 한 전각이 있는데 문화전이라고 부른다. 지붕은 황색 유리기와로 덮었다. 명나라 고사에는 다음과 같은 이야기가 전해지고 있다.

'문화전 동쪽 방에 아홉 개 신주함을 만들어 복희·신농·황제·요·순·우·탕·문·무를 모시고 왼쪽 함 한 개에는 주공을 모시고 오른쪽 함 한 개에는 공자를 모셨다 한다.

매일 천자가 문화전에 나와 강좌를 베푸는데, 황제가 먼저 성인들의 신주 앞에 한 번 절하고 세 번 머리를 조아리는 예를 올리고 학사들은 건물 밖의 축대 위에서 기다린다. 승지가 "선생님께서 드십니다"라고 아뢰면 학사들은 한 줄로 열을 지어 들어와 반열을 나누어 자리에 든다. 이때는 조정의 까다로운 예절을 생략하고 강의하는 신하가 책상에 기대도록 해 준다. 요즘에도 강의하는 좌석에서 이런 예법을 지키는지 알지 못하겠다.

* 雍和門. 오늘날의 협화문

오늘날 자금성의 문화전은 도자기 전시관으로 활용하고 있다. 다음의 사진은 문화전과 현판의 모습이다.

한편 문화전과 대칭되는 건물이 바로 무영전武英殿이다. 무영전은 희화문熙和門의 서쪽에 위치하며, 협화문의 동쪽에 있는 문화전과는 태화문을 중심으로 동, 서 방향에서 서로 대칭을 이루고 있다.

명나라 초기 무영전은 황제가 기거하면서 대신들을 접견하는 장소로 활용되었으나 후에는 문화전으로 그 기능을 옮겼다. 1644년(숭정 17년) 4월 29일에는 이자성의 농민혁명군이 자금성을 함락시키고 대순大順을 세우면서 바로 무영전에서 황제 즉위식을 거행했다. 그러나 다음날인 4월 30일에 이자성이 북경에서 쫓겨나자, 곧바로 청나라의 섭정왕 도르곤多爾袞이 이곳에서 정무를 집정하면서 명나라의 신하들을 접견했다. 그 후 무영전에는 황실의 출판 관련 기구들이 들어섰다. 오늘날에도 무영전은 서화를 전시하는 용도로 사용되고 있다. 연암이 둘러본 무영전의 모습을《열하일기》에서 계속 읽어본다.

협화문* 밖에 무영전이 있다. 건물 모양은 문화전과 다름없다. 갑신년 3월에 이자성의 군대가 황성을 격파했고, 그해 5월에 도르곤이 황성에 입성했다. 명나라가 망한 지 겨우 한 달이 지났는데, 따라온 우리나라 사람이 무영전 댓돌에 박쥐의 똥만 있는 것을 보고 서로 쳐다보며 눈물을 흘렸다고 한다.

이제는 역졸과 마부들이 전각에 미어터지도록 들어와 마음대로 유람을 하고 있다. 그들은 비록 당시의 광경을 잘 모를 것이지만 모두 청나라 사람의 붉은 모자와 마제수**를 업신여기지 않는 자가 없다. 저 자신의 의복이 남루한 줄 알면서도 비단옷 입은 자들과 나란히 서서 조금도 부끄러운 티가 없다. 이는 우리나라 하급 노비들에게까지 존화양이尊華攘夷의 정신이 뿌리 박혀 있기 때문이다.

---

* 協和門, 오늘날의 희화문

** 馬蹄袖, 소매가 좁은 청나라 의복

아래의 사진은 자금성 무영전과 무영전 현판의 모습이다. 오늘날 무영전은 각종 서적과 서화를 전시하는 전시장으로 사용되고 있다.

위에서부터
사진 70-1, 2 문화전
사진 70-3, 4 무영전

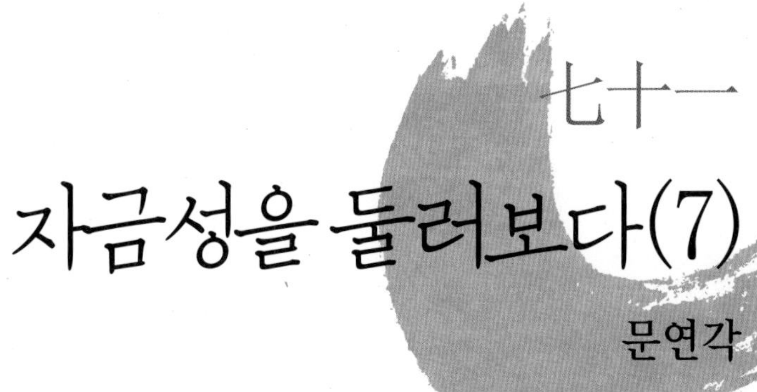

七十一
자금성을 둘러보다(7)
문연각

문연각文淵閣은 문화전의 북쪽에 위치한다. 연암 일행은 문화전을 구경하고 나서 문연각 쪽으로 들어왔다. 문연각은 청나라 건륭제 시절인 1776년 건립되어 매년 황제가 경연을 베풀고, 궁중의 장서를 보관하는 용도로 사용되었다.

특히 1782년에는 건륭제의 명에 의해 완성된 중국 최대의 문헌인 사고전서四庫全書를 보관하기도 했다. 사고전서는 궁중에서 소장하는 서적과 중국 전역에서 소장된 서책을 모두 모아 경經, 사史, 자子, 집集의 네 부문으로 나누어 간행한 방대한 문헌으로서, 7부를 간행해서 전국의 여러 서고에 분산해서 보관했다.

건륭제의 명으로 간행된 사고전서는 청나라가 멸망한 후인 1930년에 국민당

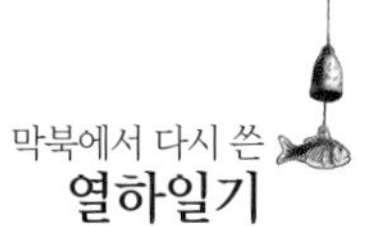

군대에 의해 상해중앙은행으로 옮겨 보관하다가, 중일전쟁과 함께 사천성으로 옮겨졌다. 그 후 중일전쟁이 끝나면서 다시 임시수도인 남경으로 옮겼다가 국민당 정부의 대만 입도와 함께 옮겨가 현재는 대북시의 고궁박물원에 보관되어 있다.

문연각은 남향으로서 정면 6칸, 측면 3칸의 2층 누각 형태의 건물로 절강성에 있는 유명한 장서각인 천일각天一閣을 모방해서 만들었다고 한다. 자금성의 대부분 건물의 지붕은 황색 유리기와를 사용했지만, 황실의 서고인 문연각은 검은색 기와로 되어 있다. 이는 음양오행의 원리로 물을 상징하는 검은색 기와가 화재로부터 서고를 지켜줄 수 있다고 믿었기 때문이다. 또 문연각의 앞에는 직사각형의 연못을 만들고 금수하의 물을 끌어들여 흐르도록 했다. 역시 화재를 막기 위함이다.

한편 문연각은 한때 소현세자가 머물렀던 곳이어서 우리에게는 특별한 감흥을 주는 곳이다. 병자호란으로 청태종 홍타이지에게 인질로 끌려간 소현세자는 심양에 머물다가 이자성의 난 이후 청나라가 자금성에 입성할 때 함께 북경으로 왔다. 당시 청나라 군대를 이끈 이는 섭정왕 도르곤이었는데, 소현세자는 도르곤이 이끄는 7살의 순치제와 함께 70일간 자금성에서 머물렀다. 이때 소현세자의 처소가 문연각이었다. 또 소현세자는 이곳에서 머물며 천주교 신부로서 당시 청나라 황실 천문대인 흠천감의 감정으로 있던 독일인 아담 샬湯若望과 교류하면서 서양문물과 국제관계에 대한 안목을 넓히게 되었다. 이제 《열하일기》를 읽어본다.

《열하일기》 황도기략

문화전 앞에 있는 전각을 문연각이라 부른다. 여기는 천자의 서책을 보관하는 곳이다. 명나라 정통 6년(1441년)에 송·금·원나라 때부터 전해오는 모든 책을 합하여 목록을 만들었는데 모두 4만 3,200여 권이라 했다. 그 뒤에 또 영락대전

永樂大全의 2만 3,937권을 더하게 되었다. 만약 근세에 간행된 고금도서집성古今圖書集成과 지금의 황제가 편찬한 사고전서까지 더 보태었다면 서고에는 책이 넘쳐서 밖에 쌓아 두어야 했을 것 같다. 문을 잠가 놓아 간신히 주렴 틈새로 전각이 웅장하고 깊다는 것만 보았을 뿐 천자의 풍부한 장서를 보지 못하였으니 한스럽다. 옛날 우리 소현세자가 예친왕 도르곤을 따라 이곳 문연각에서 묵었다고 한다.

1637년(인조 15년) 1월 30일 조선국왕 인조는 청태종 홍타이지에게 항복했다. 남한산성에서 농성한 지 45일 만의 일이었다. 청태종은 조선이 다시는 저항할 수 없도록 세자를 비롯한 왕자와 대신의 자제들을 인질로서 심양으로 끌고 갔다. 조선은 이미 속국으로 떨어진 처지에 저항할 수도 없었다. 왕자들을 떠나 보내며 인조는 "처신을 가벼이 하지 말라"고 당부하며 눈물로 세자를 전송했다. 소현세자의 나이 스물여섯이었다.

청나라 조정은 소현세자를 심양으로 압송한 후 초기에는 엄중한 감시를 하였으나 점차 회유하기 위해 후하게 대했다. 조정의 행사나 연회에 세자 부부를 참석시켰다. 인질 생활 4년이 지난 1640년 소현세자에게는 잠시나마 조선에 다녀올 기회가 왔다. 그해 1월 조선에서 부왕 인조의 병세가 위중하다는 소식을 전해 듣고 청태종의 허락을 받아 문병을 다녀오게 된 것이다. 3월이 되어 소현세자는 꿈에 그리던 고국 땅을 밟게 되었지만, 아버지 인조의 냉랭한 태도에 낙담하고 다시 심양으로 돌아간다. 이는 불행한 우리 역사의 결과물이었다.

소현세자가 문병을 위해 잠시 귀국하기 전해인 1639년(인조 17년) 7월 무렵 조선 조정에는 '청나라 황제가 인조를 폐위하고 소현세자를 조선의 국왕으로 세우지 않은 것을 후회하고 있다'는 소문이 들려왔다. 인조는 청나라 황제가 자신

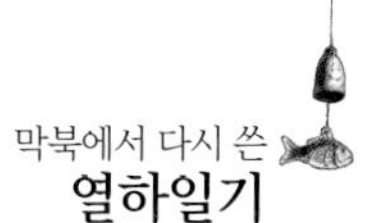

을 심양으로 소환할 수도 있다고 걱정했고, 이를 대비해 중병이 났다는 소문을 냈다. 그런데 세자가 문병하러 오는 바람에 중병이 아니라는 사실이 드러나 버린 것이다. 따라서 인조는 아들의 귀국에 당황할 수밖에 없었다. 소현세자는 환영받을 이유가 없었다. 이제 인조는 아들이 언제든 자신의 옥좌를 차지할 수 있다고 생각하게 되었다.

소현세자의 처신에도 문제가 있었다. 심양으로 복귀한 소현세자 부부는 심양에 있는 조선인 포로를 고용해 청나라 조정에서 받은 황무지를 개간했다. 이렇게 농사를 지어 수확한 곡식을 팔아 상당한 돈을 벌었다. 특히 소현세자의 부인인 강빈姜嬪은 장사수완이 좋았다고 한다. 삽시간에 이 소문은 조선의 인조에까지 전해졌다. 사농공상의 신분질서가 엄연한 조선의 양반사회에서 세자와 세자빈이 오랑캐를 상대로 장사를 하는 것은 나라에 망조가 든 것이나 다름없는 일이었다. 인조는 당장에 세자와 세자빈을 폐위시키고 싶었지만 청나라 황실과의 관계로 세자를 건드릴 수도 없었다.

1645년(인조 23년) 명나라가 멸망했다. 청나라로서는 더 이상 소현세자를 인질로 잡아둘 필요가 없어졌다. 청나라 황제는 명나라에서 노획한 금은보화와 진귀한 물품을 제공하며 소현세자에게 영구 귀국을 허락했다. 아담 샬은 조선에 천주교 전파를 결심한 소현세자에게 서양문물과 천주교 관련 물품을 챙겨주었다. 막대한 귀국선물을 받은 소현세자는 인질로 있던 처지를 망각하고 청나라에서의 자신의 위상을 드러내고자 했다.

그해 2월, 소현세자는 명나라 출신 환관과 궁녀들을 대동하고 거창한 행렬로 화려하게 귀국했다. 이를 본 백성들은 소현세자가 청나라에서 고초를 겪은 것이 아니라 온갖 호사를 누리다가 오랑캐의 앞잡이가 되어 돌아온 것으로 생각했다.

귀국한 지 두 달 후인 4월 23일 세자가 병이 들었고 어의는 학질이라고 진단했다. 다음 날인 4월 24일에 인조가 친히 명령을 내려, 의관으로 들어온 지 석 달

밖에 되지 않은 이형익에게 침을 놓아 학질을 치료하게 했다. 사흘 만인 4월 26일 소현세자가 급사했다. 인조는 이형익의 처방을 두둔하면서 세자의 장례도 사흘 만에 간소하게 장사지내게 했다. 그 와중에 세자의 염습에 참여한 종실 친척의 전언으로 독살을 의심하는 소문이 돌았으나 왕실 내의 일이어서 곧 잠잠해졌다. 이듬해 3월에는 세자빈 강빈이 인조를 독살하려 했다는 누명을 쓰고 사약을 받았고, 빈의 친정어머니도 처형되었으며 이어 소현세자의 세 아들 중 두 아들이 제주도 유배 중 죽임을 당했다. 사진은 소현세자가 잠시 머물렀던 문연각과 그 현판의 오늘날 모습이다.

사진 71-1,2 문연각과 현판

七十二

자금성을 둘러보다(8)

전성문

연암은 문화전 동쪽 구역은 문이 잠겨있어 들어가지 못했다고 기록하고 있다. 그는 《열하일기》에서 문화전 동쪽에 있는 전성문前星門과 그 안쪽의 궁궐을 태자궁이라고 설명한다.

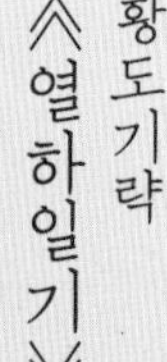

체인각으로부터 협화문을 나와 동화문東華門을 마주 보면 문화전이 있고 그 동쪽에 있는 문을 전성문이라고 한다. 푸른색 유리기와로 덮었고 대문 안에는 겹문이 있으나 모두 자물쇠를 채웠다. 겹문 안은 모두 푸른 기와로 이은 전각이 있는데 이것만 보아도 태자가 거처하는 궁전임을 알 수 있다.

전해 내려오는 이야기에 의하면, 강희제가 황제의 자리에 오래 있게 되자, 태자 윤잉은 궁중에서 일하는 자에게, '세상에 머리가 하얗게 센 태자가 있으랴' 라고 빈정거렸다고 한다. 이 말이 강희제에 알려져 윤잉은 폐출되고 이때부터 태자를 미리 세우지 않았다고 한다.

옹정雍正 원년 8월 17일에 조서를 내리기를, "성조 인황제*께서 나라를 위하여 짐朕을 택하여 작년 11월 13일에 황위를 계승하게 하셨다. 이는 말 한마디로 국가의 대계를 정한 것이다. 국내외를 막론하고 짐을 기쁘게 받들지 않는 자가 없었다. 이날 성조께서 두 형님의 일로 인하여 매우 걱정하신 것은 천하가 다 아는 바이다. 오늘 짐은 여러 아들이 아직 어려서 반드시 근신해야 할 것이므로, 이 일을 기록하여 단단히 봉한 뒤 건청궁에 있는 세조 장황제**의 친필인 정대광명 현판 뒤에 간직해 두었다. 이곳은 궁중에서는 제일 높은 곳이니 불의의 걱정을 막는 준비로 삼는다. 따라서 여러 왕과 대신들에게 이르노니 모두가 반드시 명심하여야 할 것이다" 하였다.

예부의 주사 육생남은 상소를 올려 태자를 미리 세우기를 청했으나 옹정제는 조서를 내려 준절히 꾸짖었다.

"미리 태자를 책봉하지 않는 것은 곧 우리 황실에서 대대로 내려오는 법이 아니겠는가. 황자들이 저마다 효도하고 우애하고 공손하고 검소함에 힘쓰도록 할 것이며, 형제간에 시기와 참소를 끊게 하기 위함이다. 이 법이야말로 만대를 통하여 오래 두고 쓸 아름다운 법도이다. 명나라 시대의 간신 왕석작이 태자를 세울 것을 청하여 어진 태자를 세우지 않고 천계***를 세워 천하를 망쳤으니 네가 왕석작을 본받을 것이냐" 라고 하였다. 이후로 감히 태자를 미리 세우자는 말을 입 밖에 내지 못하였으니, 전성문이 닫힌 지도 백 년이 될 것이다.

---

* **仁皇帝**. 강희제

** **章皇帝**. 순치제

*** **天啓**. 명나라 희종 천계제(1605~1627)를 의미함. 재위 기간에 악명 높은 간신인 환관 위충현이 조정을 장악하여 나라가 쇠락했다

사진 72-1 동화문

연암은 진상품을 바치는 역관과 함께 자금성에 들어가 태화전 주변과 동화문 안쪽의 문연각 주변을 둘러보고 다시 동쪽으로 나와 어구御廐, 전성문前星門, 호권虎圈 등에 대해 비교적 자세한 설명을 해놓았다. 오늘날 전성문은 남아있으나 그 안의 태자궁을 비롯한 건물은 모두 허물어졌고, 어구와 호권 역시 모두 사라지고 말았다. 중국 정부는 자금성의 많은 부분을 복원하여 일반 관람객에게 개방하고 있으나, 이곳은 모두 공터로 남아있다. 사진은 연암이 본 동화문東和門의 오늘날 모습이다.

고대로부터 중국인들은 사계절 하늘에서 보이는 자미성[10]을 황제의 별자리로, 자미성의 동남쪽에 있는 별자리 전성前星을 태자의 별자리로 삼았다. 그에 따라 태자의 궁궐은 황제가 거처하는 궁궐의 동쪽에 두어 동궁이라 했고, 동궁의 정문

10) **紫微星.** 북두칠성의 동북쪽에 있는 15개 별 가운데 하나. 점성술에서 이 별은 천자의 운명과 관련되는 별자리로 보고 있다

사진 72-2 전성문

은 전성문이라고 불렀다. 사진은 전성문의 오늘날 모습이다. 이제 전성문 안쪽의 태자궁은 모두 허물어지고 공터는 업무용 주차장으로 사용되고 있다.

청나라 4대 황제인 강희제부터 아들 옹정제, 손자 건륭제에 이르는 134년은 중국 역사상 최전성기이다. 오늘날 중국의 영역은 이때 확보된 것이고, 6,000만 명 정도이던 인구도 2억 명으로 늘었다. 강희제는 35명의 아들을 두었는데, 그 중 둘째 아들 윤잉胤礽을 두 살이 되던 해에 황태자로 책봉했다. 황태자가 성장하자 온갖 무리가 그 주변에 모여들었다.

이를 경계한 강희제는 책봉 33년이 지나 황태자를 폐위했다. 이제 형제들 사이에 치열한 다툼이 시작되었다. 서로 헐뜯고 고자질했으며 주술로 저주했다. 강희제는 이듬해에 다시 윤잉을 황태자로 책봉하였으나 3년 후 다시 폐위한다. 또한, 황태자 다툼에 끼어든 대신들도 엄하게 처벌한다. 상서 제세무가 온몸에 쇠못으로 박혀 처형당한 것도 그 무렵의 일이다. 다음 사진은 강희제의 초상이다.

사진 72-3 강희제 초상

1722년(강희 61년) 11월 13일 강희제의 죽음이 가까워지자 7명의 아들과 대신 롱고도가 입궁했다. 이때 롱고도가 침전에 들어가 황제의 유지를 받아왔다. 황위 계승자는 넷째 아들 윤진胤禛, 즉 옹정제였다. 옹정제는 즉위 후 몸을 돌보지 않고 일했지만, 선황제의 유지를 위조했다는 악소문에 시달렸다.

"강희제는 원래 열넷째 아들에게 황제의 자리를 물려준다는 뜻으로 롱고도의 손바닥에 十四라고 썼는데, 옹정제의 무리인 롱고도가 十四에서 十을 혀로 핥아 지우고 四만 남겼다"는 것이 그 내용이다. 강희제가 '열넷째 아들에게 넘겨준다傳位十四子'라고 종이에 써둔 것을 위조했다는 소문도 있었다. 十四의 十을 '~에게'를 의미하는 어조사 于로 바꿔 '넷째 아들에게 준다傳位于四子'로 위조했다는 내용이다. 옹정제는 소문을 퍼뜨린 형제들을 개돼지라 부르고 유폐시켜 죽게 했다.

이런 연유에서 옹정제는 죽을 때까지 황태자를 지명하지 않았다. 대신 황위를 계승할 황자의 이름을 적은 문서를 자금성 안 건청궁의 '정대광명' 편액 뒤에 두고 '내가 죽은 다음 열어보라'고 했다. 비로소 황자들은 부황의 마음에 들어 황제가 되기 위한 수련을 게을리하지 않았다. 옹정제식 황위세습제도는 청나라가 끝날 때까지 계속되었고, 그 결과 태자궁도 폐지되었다. 다음 사진은 자금성 건청궁의 오늘날 모습이다.

건청궁은 명나라 때부터 청나라 초기까지 황제의 침실이자 휴식 공간으로 사용하던 건물이었다. 이후 옹정제가 양심전에 새로운 침실을 마련하자, 건청궁은 황제의 서재 또는 황제와 고위 관리들이 만나거나 외국의 사절을 맞이하는 연회장으로 사용되었다. 건청궁의 옥좌 뒤에 있는 '正大光明(정대광명)' 편액과 '乾淸宮(건청궁)' 현판은 순치제의 어필이다. 아래의 사진은 건청궁 옥좌와 그 위에 있는 정대광명 편액이다.

위에서부터
사진 72-4, 5 건청궁
사진 72-6 건청궁의 정대광명 편액

七十三

자금성에서 조선 여인의 한을 생각하다

영락제는 명나라를 건국한 태조 홍무제의 넷째 아들로서, 1398년 '정난의 변'[11]을 일으켜 조카인 2대 황제 건문제를 죽이고 명나라 3대 황제에 올랐다. 이어 건국 당시의 명나라 수도인 남경을 떠날 목적으로 자신의 본거지인 북경에 자금성을 건설하기 시작했다. 드디어 1421년에 자금성이 완공되자 영락제는 남경을 버리고 북경으로 수도를 옮겼다.

명나라 건국 초기에는 원나라의 풍습이 많이 남아 있었는데, 그중 하나가 바로 조선에서 온 여인 중에서 후궁이나 궁인들을 간택하는 것이었다. 이미 원나라

---

11) 靖難之變. 1398년 명나라 태조 홍무제의 넷째 아들 연왕 주체가 황제 주변의 간신을 제거하고 황실을 안전하게 한다는 명목으로 일으킨 내란으로, 3년 동안의 싸움 끝에 건문제가 피살되고 연왕이 영락제로 즉위했다

궁정에 조선에서 온 여인들이 많았고, 원나라 순제順帝의 생모도 고려의 여인이었다. 영락제의 생모로 알려진 공비碽妃 이씨李氏 역시 고려에서 건너간 여인이라고 전한다. 그래서 명나라 건국 후에도 태조 홍무제나 영락제가 매년 조선에서 후궁을 간택했다.

이미 영락제는 자금성으로 천도하기 이전인 1408년(영락 6년)에 황엄 등을 조선에 칙사로 파견해 미녀를 뽑아 올리라고 요구한다. 이에 조선 태종은 전국에 금혼령을 내려 자색이 조금이라도 뛰어나면 모두 한양으로 보내라고 명했다. 몸을 숨기거나, 얼굴에 침을 찔러 얼굴을 붓게 하거나, 머리를 자르거나, 얼굴에 고약을 붙이는 방법으로 선발을 피하면 국법으로 엄히 다스렸다.

그해 11월에 공조전서 권집중의 딸인 18세 권씨, 인녕부 좌사윤 임첨년의 딸 임씨, 공안부 판관 이문명의 딸 이씨, 호군 여귀진의 딸인 16세의 여씨, 중군 부사정 최득비의 딸 최씨 등이 하녀 12명과 함께 남경의 명나라 황궁에 입궁했다.

이후 권씨는 현비賢妃, 임씨는 순비順妃, 이씨는 소의昭儀, 여씨는 첩여婕妤, 최씨는 미인美人에 책봉되었다. 그녀들의 부친과 오라비들도 모두 명나라의 관직을 받았는데 권씨의 부친 권집중은 광록사경 벼슬을 받고 녹봉은 조선 국왕으로부터 받았다.

영락제는 역사상 많은 업적을 남긴 황제이다. 그러나 고집이 세고 시기심과 의심이 많았으며, 살인을 밥먹듯이 한 인물이기도 하다. 영락제는 말년에 궁녀와 환관을 많이 죽였는데 그 하나는 영락 12년에 일어난 '권비權妃 독살사건'이며, 다른 하나는 자금성으로 천도한 이후인 영락 19년 발생한 궁중 유혈 사건인 '여어의 난呂魚之案'이다. 이 두 차례의 참살 사건에서 죽은 궁녀만 3,000여 명에 달하며 조선의 여인들이 많이 희생되었다. 명나라 궁정 역사에 있어 가장 참혹한 사건이었다.

영락제의 궁녀 참살 사건은 조선 여인인 현비 권씨 독살사건에서 비롯되었다.

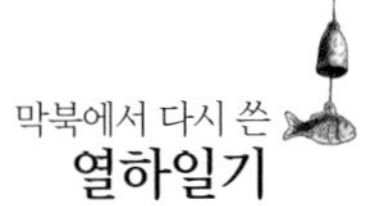

1407년(영락 5년)에 황후 서씨가 병으로 사망한 후, 영락제는 소주 출신의 귀비 왕씨와 조선에서 온 현비 권씨를 가장 총애했다. 공조전서 권집중의 딸인 권씨는 1408년 11월에 명나라 황궁에 입궁하여 이듬해 2월 현비로 책봉되었는데, 미모가 뛰어나고 총명했으며 노래와 춤에도 재능이 있었다고 한다. 명나라 역사책인 《명사明史》는 권비에 대해 "아름답고 순수하며 옥피리를 잘 불어 황제의 총애를 받았다"라고 평한다.

1410년 영락제는 현비 권씨와 함께 몽골에 원정했다. 전쟁터에도 그녀를 데리고 갈 정도로 총애한 것이다. 그런데 이토록 아꼈던 현비는 영락제가 이듬해 남경으로 개선하는 도중, 산동성의 임성에서 돌연 사망하게 된다. 방년 21세였다. 영락제는 비통한 심정으로 그녀를 산동의 역현에서 장사지냈다. 당시 현비 권씨의 친오빠인 권영균을 남경으로 초치하여 만났을 때는 밀려드는 슬픔에 차마 말을 잇지 못했다고 한다.

갑자기 현비가 죽은 일에 관해서 의문점이 한둘이 아니었다. 그래서 궁중에서는 그녀가 독살당했다는 소문이 돌았다. 사건의 전말은 권씨가 사망한 지 몇 해가 지난 1413년(영락 11년)에 밝혀졌다.

앞서 현비 권씨와 함께 중국으로 뽑혀온 여씨는 정 3품 첩여에 봉해졌으나, 황제의 총애를 한몸에 받는 권씨를 늘 시기했다. 질투심에 휩싸인 여씨는 조선 출신 환관과 내통하여 은을 다루는 장인으로부터 극약인 비상을 얻어 현비 권씨가 자주 마시는 호도차 안에 몰래 넣어 독살했다. 본래 사실을 아는 이가 없었으나, 여씨와 권씨의 노비들이 말싸움을 하던 중 밝혀진 것이다. 경위를 조사하니 첩여 여씨가 현비 권씨를 독살한 것이 사실로 드러났다. 이 사실을 알게 된 영락제는 격분한 끝에 첩여 여씨와 관련된 수백 명의 조선인 궁녀와 환관을 처형했다.

이 사건은 《조선왕조실록》 태종 14년(1414년) 9월 19일에 조선 역관 원민생이 명나라에서 듣고 온 '여씨의 어미와 친족을 의금부에 가두라'는 영락제의 명령과 함께 기록되어 있다. 영락제의 조칙을 실록에서 읽어본다.

《태종실록》 태종 14년 9월 19일

황후가 죽은 뒤에 권비에게 명하여 육궁*의 일을 맡아 보게 하였다. 여가呂家가 권씨에게 '자손이 있는 황후가 죽었는데, 네가 맡아 보는 것이 몇 개월이나 가겠느냐' 며 무례하게 말했다. 고려 출신의 내관 김득, 김양 등이 저들과 친형제처럼 지냈는데, 한 놈이 은장銀匠에게서 비상을 얻어 여가에게 주었다. 영락 8년에 남경으로 돌아가는 도중 양향에 이르렀을 때, 여가는 그 비상을 갈아 호도차에 넣어 권씨에게 먹여서 죽였다.

당초에는 내가 이런 사실을 알지 못했는데, 지난해 양가兩家의 노비가 서로 욕하고 싸우면서 폭로되어 이때에서야 알았다. 사건의 경위를 묻고 꾸짖으니 과연 그러하므로, 저 몇 놈의 내관과 은장을 모두 죽였고, 여가는 곧 낙형**에 처하였는데, 낙형한 지 1개월 만에 죽었다.

---

* 六宮, 황후의 궁전
** 烙刑, 인두로 맨살을 지져서 태우는 형벌

1420년(영락 18년)에는 영락제가 아끼던 왕귀비까지 죽고 만다. 영락제는 다시 비통에 잠긴다. 한편 당시 명나라 궁중에는 권씨 독살사건에 연루되었던 첩여 여씨 외에도 또 다른 조선인 궁녀 여씨가 있었다. 그녀는 상인의 딸이었다. 사서에서는 그녀를 장사꾼의 딸이라는 의미로 장사꾼 고賈를 붙여 고여賈呂라고 부른다.

영락제가 슬픔에 잠겨 있던 1421년(영락 19년)에 고여와 궁인 어씨魚氏가 어린 환관과 간통한 사건이 들통난다. 큰 충격과 슬픔으로 심신이 피폐해지고, 자

사진 73-1 영락제 초상

제력을 잃은 상태에 있던 영락제는 격노했다. 고여와 궁인 어씨는 어짜피 화를 당할 것이라 짐작하고 목을 매어 자살했다. 후궁의 간통사건이 자살사건으로 비화되자 영락제는 이를 기화로 직접 고여의 시녀들을 심문한다. 그런데 생각지도 못한 일이 벌어진다. 고여의 궁녀들로부터 그녀가 황제를 모살하려 했다는 진술을 받아낸 것이다.

화가 머리끝까지 난 영락제는 친히 궁녀들에게 혹형을 가했다. 그런데 설상가상으로 어떤 궁녀가 국문을 받는 자리에서 영락제를 욕하기도 했다. "그대의 양기가 쇠하여 젊은 환관과 간통하였는데 그것이 무슨 죄인가?"라며 독설을 퍼부은 것이다. 영락제는 화공으로 하여금 환관과 궁녀가 서로 끌어안은 모습을 그리게 하여 궁녀들에게 모욕을 가하고 모두 죽여 버렸다. 당시 이 사건에 연관되어 주살된 궁녀가 2,800여 명에 이르렀다. 사진은 영락제의 초상이다.

조선 출신의 후궁 고여로부터 시작된 '여어의 난'으로 조선 출신의 여씨, 유씨, 임씨, 황씨, 이씨 등 수많은 후궁과 궁녀들이 자살하거나 살해되거나 냉궁에 연금되었다. 당시의 사정을 후에 조선으로 돌아온 궁녀 김흑의 입을 통해 들어본다.

《조선왕조실록》 세종 6년 10월 17일

그 뒤 상인의 딸 여씨가 궁인 어씨와 함께 환관과 간통하였는데, 황제가 알게되자 두 사람이 스스로 목을 매어 죽었다. 황제가 화가 나서 여씨의 시녀를 신문하니, 서로 모략하면서 '황제를 시해하고자 하였다' 고 하였다. 황제가 국문을 계속하니 그 일에 연루된 자가 2,800여 명인데, 모두 친히 죽였다. 어떤 이는 황제의 면전에서 욕하기를, "그대의 양기가 쇠하여 젊은 환관과 간통한 것인데, 누구를 허물하느냐" 고까지 했다.

이 난이 처음 일어날 때, 본국의 임씨, 정씨는 목을 매어 자살하고, 황씨, 이씨는 국문을 받아 참형을 당했다. 황씨는 다른 사람을 많이 끌어넣었으나, 이씨는 말하기를, "죽기는 마찬가지라, 어찌 다른 사람을 끌어넣겠는가. 나 혼자 죽겠다" 하면서, 끝까지 한 사람도 무고하지 아니하고 죽었다.

이에 본국의 여러 여자가 모두 죽었는데, 홀로 최씨는 남경에 있었다. 황제가 남경에 있는 궁녀를 부를 때, 최씨는 병으로 오지 못하고, 난이 일어나 궁인을 거의 다 죽인 뒤에 올라왔으므로, 죽음을 면하게 되었다. 한씨는 난이 일어났을 때 빈방에 가두어 두고 여러 날 동안 음식도 주지 아니하였는데, 문을 지키던 환관이 불쌍히 여겨 때때로 먹을 것을 넣어 주었으므로 죽지 않게 되었다.

처음에 황제가 왕씨를 총애하여 황후로 삼으려고 하였다. 그러나 왕씨가 죽게 되자 황제가 크게 슬퍼하고 상심하여 그 후의 처사가 모두 빗나가니 형을 집행함이 참혹했다. 여어의 난을 한참 처리할 때, 벼락이 봉천전에 떨어져 모두 타버렸는데, 궁중에서 모두 기뻐하면서, "황제가 반드시 천변을 두려워하여 살육을 그치리라" 하였으나, 황제는 마음대로 주륙하기를 평일과 다름없었다.

1417년(영락 15년) 8월 조선왕 태종 이방원은 금혼령을 내려 두 명의 여인을 선발해 그해 10월에 명나라로 보낸다. 이때 명나라 황궁에 입궁한 여인이 한韓씨와 황黃씨였다. 그로부터 4년 후 '여어의 난'으로 조선의 후궁들이 영락제로부터 국문을 당하자 황씨는 고문을 견디지 못하고 많은 사람을 연루시키고는 참형을 당했다. 한씨는 냉궁에 연금되어 있다가 환관의 도움으로 목숨을 부지할 수 있게 되었으며, 영락 6년에 현비 권씨와 함께 조선에서 넘어온 정 4품 미인 최씨는 당시 병에 걸려 남경에 남아있었기 때문에 살아남을 수 있었다. 미인 최씨와 함께 살아남은 한씨가 바로 강혜장숙여비康惠莊淑麗妃 한씨이다.

여비 한씨는 지순창군사 한영정의 딸로서 조선 전기의 문신인 한확韓確의 누나이다. 한씨의 여동생 한계란도 명나라 선종宣宗의 후궁이 되었으며, 그녀의 조카딸이자 한확의 딸은 조선 성종 때에 국정을 장악했던 인수대비仁粹大妃이다. 한확은 누이 두 명이 명나라 황제의 후궁이 된 이후 황친皇親으로서 수차례 명나라를 왕래하였으며 세조 때는 정난공신으로서 우의정이 되었다.

여비 한씨가 명나라 황궁에 입궁한 때로부터 7년 후인 1424년(영락 22년) 8월 11일 영락제는 다섯 번째 몽골 친정에 나섰다가 고비사막 한가운데에서 숨지고 말았다. 향년 64세였다. 영락제의 시신은 북경으로 옮겨졌고 성대한 장례식이 거행됐다. 이때 비빈 30여 명이 영락제의 능에 함께 순장殉葬되었다. 이 과정에서 여어의 난 당시에 천신만고 끝에 살아남았던 여비 한씨와 미인 최씨가 순장되었다. 영락제 사후 비빈들의 순장장면은 《조선왕조실록》 세종 6년(1424년) 10월 17일에 기록이 남아있다.

황제가 죽자 궁인으로 순장된 자가 30여 명이었다. 죽는 날 모두 뜰에서 음식을 먹이고 마루에 끌어 올리니, 곡성이 전각을 진동시켰다. 마루 위에 나무로 만든 작은 평상을 놓아 올라서게 하고, 위에 있는 올가미 안으로 머리를 넣게 하고 평상을 떼어 버리니 모두 목이 매달려 죽었다.

한씨가 죽을 때 김흑에게 이르기를, "낭娘아! 나는 간다. 낭아! 나는 간다" 하였다. 말을 마치기 전에 곁에 있던 환관이 평상을 빼내므로 최씨와 함께 죽었다. 여럿이 죽는 자가 처음 마루에 올라갈 때, 인종*이 친히 들어와 고별하자, 한씨가 울면서 인종에게 말하기를, "우리 어미가 노령이니 본국으로 돌아가게 하옵소서" 하였다.

인종이 분명히 허락하면서 한씨가 죽은 다음 김흑을 돌려보내겠다고 하였으나, 돌려보내지 아니하고 김흑을 공인**으로 봉하였다.

* 仁宗, 영락제의 뒤를 이은 인종 홍희제를 말함
** 恭人, 궁인에게 내리는 벼슬의 종류

역사에 기록된 김흑金黑은 여비 한씨의 유모로 당시 어린 한씨를 따라 조선에서 건너갔다. 명나라 왕세정의 《산당별집山堂別集》에 따르면, 한씨가 중국으로 건너올 때 나이는 15~16세였으며, 순장될 때도 22~23세 정도였다고 한다. 한씨가 죽은 후에도 김흑은 자금성에서 11년간 생활하다가, 1435년에야 조선으로 귀환했다.

고대 노예제 국가에서나 행해지던 야만적인 순장제도는 춘추시대 이후 차츰 사라져 한나라와 당나라 때에는 완전히 사라졌다가 명나라 때에 다시 부활했다. 조선왕조실록에 수록된 잔혹한 순장 장면은 궁인 김흑이 조선으로 귀환해 구체적으로 전한 내용을 사관이 실록에 기록하여 담은 것이다. 유모를 본국에 보내달라는 여비 한씨의 마지막 소원을 들어주겠노라 약속했던 새 황제 홍희제는 여어의 난이 조선에 상세히 알려지기를 꺼려 그 약속을 이행하지 않았다. 그후 여비 한씨가 순장된 지 11년이나 지난 뒤에야 비로소 김흑은 조선으로 돌아올 수 있었다.

세종 17년(1435년) 4월 26일, 조선에서 건너간 명나라 내관 이충 등이 김흑을 포함해서 처녀 종비[12] 9명과 창가비[13] 7명, 집찬비[14] 37명 등 도합 53명의 조선 여인들을 인솔해 본국으로 돌아왔다.

≪조선왕조실록≫ 세종 17년 4월 26일

사신 이충李忠, 김각金角, 김복金福 등이 칙서를 받들고 김흑 등 처녀 종비 9명과 창가비 7명, 집찬비 37명을 거느리고 왔다. 임금이 동남향하여 앉았고, 중국식 의복과 머리 장식을 한 비자婢子들이 중국의 예절로 여덟 번 절을 하는데, 몸을 굽히고 머리를 숙이고 손을 모으고 구부렸다 우러렀다 하니 무용하는 것 같았다. 모두 절을 하고 내려가니, 임금이 명하여 남랑南廊에서 음식을 먹였다.

이충은 영락 6년에 권씨를 따라 입조하였고, 김각은 옥과 사람이고, 김복은 평양 사람인데, 모두 영락 원년에 입조하였다.

이들을 고국으로 보내준 사람은 김흑의 애원을 들어준 선덕제의 할머니였다. 같은 날짜의 실록에 '종비 김흑이 태후와의 일을 회고하다'라는 제목으로 다음과 같은 기록이 있다.

---

12) 從婢, 잡일을 하는 시녀
13) 唱歌婢, 노래하는 시녀
14) 執饌婢, 요리하는 시녀

김흑이 회고했다.

"한씨가 죽은 뒤에 태왕태후太皇太后를 모셨는데, 대우가 후하고 하사해 주시는 것이 많았습니다. 하루는 소인이 태황태후께 말씀드리기를, '늙은 것이 한없는 은혜를 입었습니다마는 이제 고향에 돌아가고 싶습니다' 하였더니, 태후가 허락하고 돌아가기를 명하였습니다. 그래서 집찬비와 창가비를 함께 돌려보내기를 청하였더니, 태후가 말하기를, '그들이 와 있는 것을 처음부터 알지 못했다' 라고 하시고 한꺼번에 돌려보내기를 명했습니다. 하직하는 날에는 태후께서 저의 손을 잡고 울면서 작별하였습니다" 하였다.

명나라 초기에는 황제가 죽으면 비빈들도 함께 순장되는 경우가 많았다. 태조 주원장부터 6대 황제 선종宣宗에 이르기까지 60여 년간 살아있는 후궁들이 순장되었다. 산자를 순장한 후, 새 황제는 죽어간 궁녀들에게 칭호를 추증하여 순사한 행위를 표창하고, '그 헌신과 의로움으로 황제를 따라 죽음에 이르렀으니 빛나는 칭호를 바치어 그들의 절개를 표창한다'는 책문을 하사했다(《명사》 113권).

이에 따르면 태조, 싱조, 인종, 선종이 모두 순장을 한 것으로 기록되어 있다. 성조 영락제의 비빈들은 모두 순장되었는데, 여기에는 높은 품계인 비도 있었고, 소용, 미인 등 서열이 낮은 자나 궁녀도 있었다.

7대 황제 영종英宗에 이르러 순장이 막을 내렸다. 선황제인 선종이 죽은 뒤 강제로 따라 죽어야 하는 비빈의 곡성이 전각을 진동하던 장면은 당시 9세였던 어린 영종에게 큰 충격을 주었던 것이다. 그가 즉위한 후 13세가 되던 해, 그의 형 주왕周王 주유돈이 사망했다. 영종은 또 다른 형인 주유작에게 살아있는 사람을 순장하지 말도록 요청하는 서신을 보냈으나 주유돈의 비와 부인들이 모두 순장되었다.

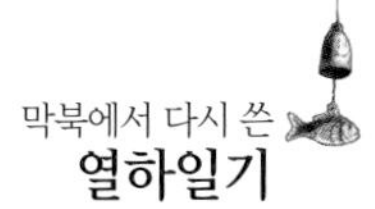

이에 영종 자신은 형을 막지 못했지만, 유언을 통해 자신이 죽은 뒤 순장을 하지 못하도록 했다. 그는 유언에서 "사람을 순장하는 것은 차마 할 수가 없다. 이 일은 나부터 그만두어야 한다"고 했다. 비로소 명나라 궁중에서 순장제도가 사라지게 되었다.

오늘날에는 중국 정부가 자금성을 점차 복원하여 공개하고 있다. 과거에는 얼씬도 하지 못하던 많은 전각이 개방되고 있는 것이다. 이제 조선 여인들의 한이 서려있을 황후와 후궁들의 거처인 동서육궁의 전각들도 하나씩 개방되고 있다. 그래서 여비 한씨와 미인 최씨 등 조선의 한 많은 여인이 교살되고, 종비들이 목숨을 부지하기 위해 부지런히 뛰어다니던 전각에도 들어가 볼 수 있게 되었다. 사진은 자금성의 북쪽 경산에서 자금성 내 황후와 후궁들의 처소인 동육궁 부근 전각들을 촬영한 것이다.

사진 73-2 자금성 동육궁의 전각들

七十四
종묘와 사직 이야기

봉건시대에 왕조를 지탱하는 정신적인 상징물의 중심에는 종묘宗廟와 사직社稷이 있었다. 종묘는 황실의 사당으로서 역대 황제와 황후의 위패를 모신 곳이고, 사직은 나라에서 토지의 신인 '사社'와 곡식의 신인 '직稷'을 모신 제단으로서 백성을 먹여 살리는 나라의 강역을 뜻한다. 중국에서 종묘는 주周나라 시대에는 7대조까지 묘廟에 봉안하는 7묘제가 시행되다가 명나라 때부터 9묘제로 바뀌었다. 제후국인 조선은 그보다 급을 낮추어 5묘를 봉안했다. 종묘와 사직에 제사를 지내는 것이 국가의 대사로 자리매김하면서, 점차 '종묘사직'은 국가를 상징하는 의미가 되었다. 이제 연경에 있는 종묘와 사직에 대한 《열하일기》의 설명을 읽어본다.

《열하일기》 황도기략

종묘는 대궐의 왼편에 있고, 사직은 오른편에 있어 전후와 좌우의 배치가 균형이 잡혀 임금으로서의 위엄을 갖추었다. 일찍이 《유구기략》*에서 이르기를 '숭정 16년(1643년) 5월 북경에서 붉은 비가 내리며 밤새 우레와 번개가 쳤고, 종묘의 신주가 거꾸러지고 솥과 술잔 등 제기들이 모두 녹아내렸다. 또 6월 23일에는 밤중에 뇌성벽력이 일어나 봉선전 사당의 문고리가 모두 용의 발톱에 의해 녹아내렸고 종묘 앞의 돌 위에는 용이 누운 흔적이 있었다' 고 했다.

아! 슬프다. 갑신년에 일어난 이자성의 변란은 천고에 없던 일이었다. 하늘이 무너지고 땅이 갈라지며 천자의 종묘가 뒤흔들리다가 드디어 그로 인해 애신각라**씨의 종묘가 생겼으니 어찌 그와 같이 커다란 천재지변의 변고가 없었겠는가.

* 綏寇紀略, 청나라 시대 오위업이 쓴 당대의 역사서
** 愛新覺羅, 청나라 황제 가문의 성

고대로부터 중국에서는 '왼쪽에 종묘를 모시고 오른쪽에 사직을 모신다左祖右社'는 원칙에 따라 황제의 선조를 제사하는 태묘(太廟, 종묘)는 자금성의 좌측(동쪽)에, 사직단은 우측(서쪽)에 설치하였다. 명나라 태조 홍무제는 남경의 궁성 동남쪽에 태묘를 만들었고, 북경 천도 후에는 자금성의 동남쪽에 같은 양식의 태묘를 새로 세웠다. 청나라가 들어서고 나서도 태묘를 수리하였으나 명나라의 건물 모습은 그대로 남아있다. 다음의 사진은 자금성의 동남쪽에 있는 태묘의 오늘날 모습이다.

중국의 황제는 천단天壇에 나아가 하늘에 제사를 지내고, 사직단에 가서는 사직에 제사를 지냈다. '하늘은 둥글고 땅은 네모지다天圓地方'는 원리에 따라 천단

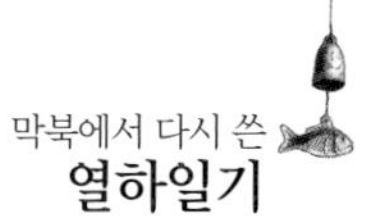

은 둥근 구조물로, 사직단은 사각형의 구조물로 되어있다. 그래서 사직단은 높이 1m, 사방 10m 이내의 정사각형의 기단을 구축하고, 오행설에 따라 동서남북으로 색깔이 다른 네 가지 색 흙과 중앙에 황색 흙을 담아 만들었다. 다음 사진은 오늘날 북경 자금성의 서쪽에 있는 중산공원 내의 사직단의 모습이다.

사직단은 황제가 북쪽에서 남쪽에 있는 사직단을 향해 제사를 지냈던 곳이다. 오늘날에는 사직단 북쪽 황제가 사직단을 향해 제사를 지내던 곳에 중산당中山堂이 있다. 1925년 중국의 국부 손문孫文이 북경에서 병사하자 이 건물에 빈소를 차렸는데, 그 뒤로 손문의 호 '중산中山'을 따서 중산당이라고 부르게 되었다. 〈74-4〉는 사직단과 중산당의 모습이다.

중국 정부는 이제 사직단을 중산공원中山公園으로 바꾸고 일반에 개방하고 있다. 아름다운 숲이 조성된 중산공원 안에는 사직단 외에도 역사적 유물이 여러 개 옮겨져 있다. 〈74-5〉는 중산공원에 있는 중국의 국부 손문의 동상이다. 동상의 기단에는 '위대한 혁명선각자 손중산 선생은 영원하리라'라는 등소평의 글씨가 적혀있다.

사진 74-1, 2 태묘

위에서부터
사진 74-3 사직단
사진 74-4 사직단과 중산당

사진 74-5 중산공원의 손문 동상

七十五 만수산 이야기

연암 박지원이 《열하일기》에서 만수산萬壽山이라고 소개한 산은 오늘날 경산공원景山公園으로서 민국시대 이후 일반에 개방되고 있다.

경산은 원래 원나라 시대 궁궐이 있던 자리였다. 명나라 건국 후 영락제가 자금성을 축조하면서 오늘날의 중남해와 북해, 자금성의 해자에서 파낸 흙으로 산을 만들고 만세에 이어진다는 의미로 '만세산萬歲山'이라고 불렀다. 경산의 꼭대기에는 건륭제 시대인 1750년에 세운 만춘정萬春亭이라는 정자가 있는데 자금성 전체를 한눈에 조망할 수 있는 곳이다. 그 양쪽 능선 방향으로는 정자가 두 개씩 서 있다.

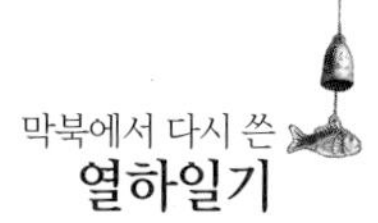

사진 75-1 신무문에서 본 경산

사진은 자금성의 북쪽 문인 신무문에서 촬영한 경산의 모습이다. 정상의 중앙에 있는 정자가 만춘정이다. 다음 사진은 오늘날 태액지에서 본 경산의 모습이다. 연암은 태액지의 흙을 파서 쌓은 것이 만수산, 즉 오늘날의 경산이라고 했다.

≪열하일기≫ 황도기략

태액지를 파서 산을 만든 것이 만수산이다. 산 위에는 3층 전각이 있고 4개 전각을 세웠으니, 여기가 명나라 의종열황제毅宗烈皇帝가 순국한 곳이다.

연암 박지원이 설명한 것처럼 오늘날 경산의 동쪽 기슭에는 명나라의 마지막 황제인 숭정제崇禎帝가 목을 매어 자살한 곳이 있다. 만세산이라 이름 짓고 자손만대까지 이어가기를 기대한 명나라 황실은 227년 만에 망하고, 마지막 황제는

사진 75-2 태액지에서 본 경산

그 산의 한쪽 기슭에서 목을 매 자결했다.

다음의 사진에 보이는 두 개의 비석 왼쪽에 회화나무 한 그루가 서 있는 곳이 1644년 3월 19일 명나라 황제 숭정제가 목을 매어 자살한 순국처이다.

이자성의 농민군이 북경성을 공략하고 있을 때, 숭정제는 황후를 비롯한 비빈들에게 자결을 명하고 스스로는 이곳에서 목을 매 자살했다. 이자성은 북경을 점령한 후 숭정제와 황후의 시신을 수습하여 장사지내도록 했다. 그것이 북경 외곽의 명13릉에 있는 사릉思陵이다. 이후 청나라 군대가 북경에 입성하자 숭정제의 원수를 갚는다며, 사릉에 비석을 세우고 황제가 자결한 회화나무는 '죄를 지은 나무'라고 규정하고 쇠사슬로 묶어 놓았다.

그 나무와 쇠사슬은 300년이 넘도록 그 자리에 남아 있었으나 문화혁명 당시 홍위병들에 의해 나무는 베어지고 쇠사슬은 없어졌다. 지금의 회화나무는 그 뒤에 새로 자란 새순이 번성한 것이라고 한다. 회화나무 아래의 비석은 중화민국 19년에 고궁박물원이 '숭정제 순국 300주년'을 추도하여 세운 비석이다.

사진 75-3 숭정제 순국처

七十六 태액지를 거닐다(1)

태액지는 원래 한 무제가 궁궐 안에 판 연못의 이름이었는데 후대에 오면서 궁궐에 있는 연못을 모두 태액지太液池라고 부르게 되었다. 오늘날 북경 자금성의 서북쪽에 위치한 북해北海와 중남해中南海가 바로 청나라 시대의 태액지이다. 1949년 신중국 건국 후 중남해에는 중공중앙中共中央과 국무원, 국가영도자의 거주지로서 중앙정부가 사용하고 있고, 북해는 북해공원으로서 시민들에게 개방되고 있다. 오늘날의 태액지는 원래 요나라 때에 건립하여 현재의 북해공원으로 이어지고 있다. 태액지 중앙의 경화도瓊華島에는 그 정상에 상징적 건축물인 영안사永安寺 백탑白塔이 있다.

오늘날 북해공원의 면적은 약 70만㎡이고 그 절반이 호수구역이다. 호수의 중

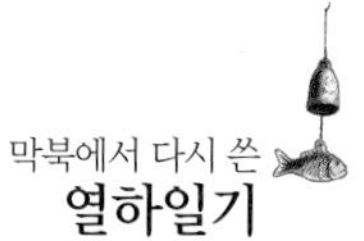

앙에 봉래선경蓬萊仙境을 상징하는 경화瓊華, 단성團城 및 서산대犀山台의 3개 섬을 설치하고 교각과 호안으로 서로 연결했으며, 태액지 수원은 옥천산玉泉山으로부터 끌어들였다. 연암 박지원이 묘사한 태액지를 《열하일기》에서 읽어본다.

《열하일기》 황도기략

태액지는 서안문 안에 있는데, 둘레는 몇 리나 되는지 알 수 없다. 내가 일찍이 동해 유람을 할 때에 고성 삼일포의 주위가 10여 리라고 했는데 지금 이 연못은 삼일포 보다는 작은 것 같다.

못 가운데는 길이 수백 보의 구름다리를 놓았는데, 돌을 깎아 난간을 만들고, 난간 밖에 또 돌난간을 두었다. 난간 머리에는 사자 머리 수백 개를 새겨 놓았다. 크기는 같으나 모양이 저마다 차이가 있다. 다리의 양쪽에 패루를 세워 '옥동玉蝀', '금오金鰲'라고 새겨넣었다. 또 북쪽으로 난 다리는 경화도로부터 승광전까지 이어졌다. 이 다리에도 패루를 세워 '적취積翠', '퇴운堆雲'이라 썼다. 못을 둘러싸고 전각과 누대는 첩첩한 지붕이 엇물렸고 고목들은 홰나무와 버드나무가 많았다.

사진은 중남해와 북해 사이를 가로질러 설치된 오늘날의 북해대교에서 촬영한 태액지의 모습이다.

아래의 사진은 영안교永安橋의 모습이다. 연암이 "북쪽으로 난 다리로 경화도에서 승광전에 이른다"고 묘사한 다리가 바로 영안교이다. 영안교의 남쪽에서 다리를 건너면 경화도에 이른다. 연암은 《열하일기》에서 '이 다리에도 패루를 세워 적취積翠, 퇴운堆雲이라 썼다'고 했는데 사진에서도 영안교의 앞뒤로 패루가 보인다.

위에서부터
사진 76-1 북해대교에서 본 태액지와 경화도
사진 76-2 태액지의 영안교

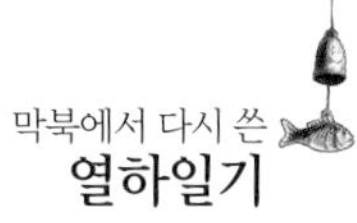

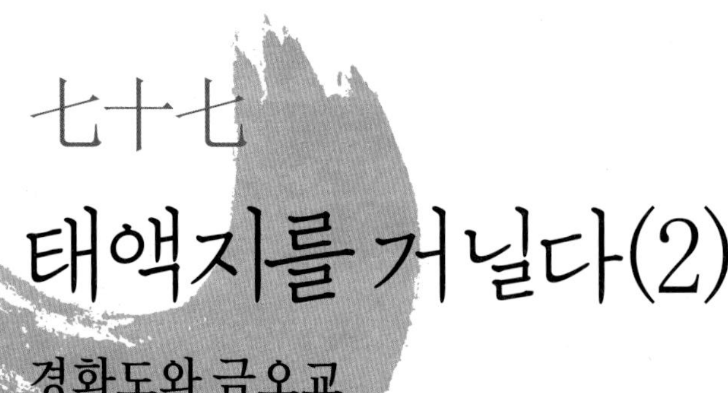

七十七
태액지를 거닐다(2)
경화도와 금오교

태액지의 중앙에는 전설에 나오는 선경을 본떠서 만든 인공섬인 경화도가 있다. 경화도라는 이름은 봉래선산蓬萊仙山에 있는 불로장생의 꽃, '충수화琼树花'에 기원을 두고 있다고 한다. 경화도에는 요, 금, 원, 명나라 때의 궁궐이 산재해 있으며 특히 정상에는 청나라 순치제 시대인 1651년에 축조된 사리탑이 있다. 이제 《열하일기》를 읽어본다.

《열하일기》 황도기략

태액지 안에 경화도라는 섬이 있다. 전하는 이야기로는 요나라 태후가 화장하던 화장대가 있던 곳이라 한다. 원나라 순제가 궁녀 영영英英을 위해 이곳에 채방관采芳館을 짓고 금오교와 같은 방법으로 돌다리를 놓았다. 호수 위에는 축대가 있어 옹성같이 생겼고 축대 위에는 푸른 일산처럼 생긴 전각이 있다. 다리 위에서 금오교를 돌아보니 행인과 수레와 말들이 인간 세상이 아닌 것 같다. 축대 아래에는 금나라 때 심은 오래된 소나무가 있다.

사진은 오늘날의 북해공원에서 경화도를 촬영한 것이다. 연암이 "호수 위에는 축대가 있어 옹성과 같이 생겼고, 축대 위에는 푸른 일산 같은 전각이 있다"고 한 것은 바로 백탑을 보고 묘사한 것이다.

다음 사진은 경화도의 정상에 위치한 백탑白塔의 모습이다. 이 백탑은 티벳불교 양식의 사리탑으로 청나라 초기에 세워진 것이다. 연암은 백탑을 보고 '푸른 일산처럼 생긴 전각'이라고 묘사했다.

사진 77-1 태액지와 경화도

사진 77-2 경화도의 백탑

한편 연암이 태액지에 이르렀을 때에는 금오교金鰲橋가 있었다. 오늘날 북해와 중남해를 가르는 곳에 건설된 북해대교가 바로 그것이다. 연암은《열하일기》에 금오교라는 제목으로 다음과 같이 쓰고 있다.

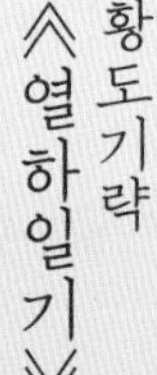

태액지에 돌다리를 놓았는데 동서 200보 정도이고 양쪽은 백옥 난간을 세웠다. 다리의 가운데에는 두 자 정도 높여서 치도*를 닦았고, 양옆의 협도에는 겹으로 난간을 만들었다. 난간 위에는 모두 480여 개의 짐승 머리 모양을 한 석상을 새겨 놓았는데 조금씩 모양이 다르다. 다리의 양쪽 끝에는 패방을 세웠는데 서쪽이 금오金鰲이고 동쪽이 옥동玉蝀

이다.

말과 수레가 길을 가득 메웠고 유람객들이 북적거렸다. 물결은 햇빛 아래 반짝이고 티끌 하나 없는데, 멀리 북쪽에 오룡정五龍亭이 보이고 서쪽으로는 자금성이 보였다. 숲에 나무가 자욱하게 우거졌고 층층 누각과 겹겹 전각이 서로 가리기도 하고 마주 비치기도 하는데, 찬란한 오색의 유리기와는 햇빛이 비치면서 밝았다 어두웠졌다 한다.

백탑사의 부도와 정자와 누각의 황금색 호리병 모양의 꼭대기는 때로 나무숲 위로 솟아 있고 수풀 저편 멀리 보이는 하늘빛은 푸른데, 맑은 아지랑이는 보는 사람으로 하여금 마음을 울렁거리게 만들어 마치 늦은 봄날 같다.

---

* 馳道, 황제의 전용도로

금오교는 1950년대 중반까지 연암 박지원이 본 모습 그대로 있었지만 이후 교량의 폭을 남쪽으로 넓히고 패루를 철거한 뒤 난간은 그대로 살려 새로 건설했다. 이후 문화대혁명을 거치며 홍위병에 의해 난간의 조각상이 모두 파괴되어 오늘날에는 철책으로 난간을 교체한 북해대교로 건설되었다. 북해대교로 확장공사를 하기 이전 옛날 금오교는 폭이 8.5m였지만 오늘날의 북해대교는 34m 정도이다. 다음 사진은 경화도에서 촬영한 북해대교의 모습이다.

사진 77-3 경화도에서 본 북해대교

七十八

태액지를 거닐다(3)

오룡정, 구룡벽 그리고 자광각

오늘날 북해공원의 호수구역인 태액지의 서북쪽에 수면에 인접하여 다섯 채의 정자가 나란히 서 있다. 정자들은 물과 가까운 곳에 세워졌고, 가운데에는 원형의 천문대가 있다. 서쪽에서 동쪽으로 가면서 '징상澄祥, 자향滋香, 용택龍澤, 용서湧瑞, 부취浮翠'라는 현판을 달았다. 가운데의 정자는 하늘을 상징하는 원형의 지붕과 땅을 상징하는 사각의 처마로 세웠고 나머지는 사각 지붕이다. 정자들은 모두 석교로 연결되어 있다. 이 다섯 채의 정자를 '오룡정五龍亭'이라고 부른다.

명나라 때부터 오룡정에서는 황제가 낚시를 하거나 불꽃놀이를 구경했다고 전한다. 연암은 저녁 무렵과 이른 새벽에 오룡정에 찾아갔다.

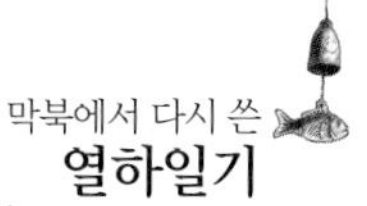

《열하일기》 황도기략

태액지 연못 가에 서남쪽을 향해 채색한 정자 다섯 채가 서 있다. 정자의 이름은 징상, 자향, 용택, 용서, 부취라고 부르고 통틀어서 오룡정이라 한다. 맑은 물결이 넘실대는 넓은 연못에 황금색과 푸른색 단청 그림자가 어른거리고, 멀리서 보이는 금오교 위의 수레와 말과 행인들의 모습은 신선이 사는 곳인 듯하다. 자광각紫光閣과 승광전承光殿의 자줏빛 기와, 금빛 전각은 숲속에 숨어 있고, 붉은 담장 속에는 채색 기와로 지은 정자와 누각이 겹겹이 포개어져 있다.

삼사와 함께 왔을 때는 마침 석양 무렵이라 엷은 아지랑이가 피어오르는 광경이 더욱 기묘했다. 또 어느 맑은 날 아침에 갔을 때는 솟아오르는 햇살을 받아 무척 아름다웠다. 그날 따라 수많은 연꽃 줄기에 연꽃이 없어 아쉬웠다.

역관들의 말을 들으면 오룡정은 아침, 저녁으로 경치가 달라지지만, 그래도 한여름 연꽃이 필 때가 좋고, 연꽃 필 때보다 한겨울 얼음놀이할 때가 더 좋다고 한다.

다음의 사진은 오늘날 북해의 서북쪽에서 동남쪽으로 서 있는 오룡정을 촬영한 것이다. 그 아래는 도화서의 화원이 그린 연행도의 오룡정 부분이다.

오룡정의 북쪽 구역에는 구룡벽九龍壁이 있다. 구룡벽은 424개의 유리기와로 제작되었으며, 황색, 자색, 백색, 녹색, 청색 등 휘황찬란한 아홉 마리의 용이 구름 속을 힘차게 비상하는 모습으로 조각했다. 그중에서도 황제를 상징하는 황룡이 가장 돋보인다.

태액지의 구룡벽은 오늘날 산서성의 대동大同에 있는 구룡벽을 본 건륭제의 지시로 1756년 건립되었다. 이로써 중국에는 산서성의 대동, 북경의 자금성, 그

위에서부터
사진 78-1 오룡정
사진 78-2 연행도의 오룡정

리고 태액지에 모두 3개의 구룡벽이 갖추어지게 되었다. 태액지의 구룡벽은 다른 것들과는 달리 양면으로 조성한 것이 특징이며 길이 27m, 높이 5m, 폭 1.2m로 조각되어 있다. 원래 구룡벽은 대원경지보전大圓鏡智寶殿 입구의 조벽이었는데 오늘날에는 건물이 소실되고 구룡벽만 남았다.

오룡정을 거쳐 조그만 둔덕을 돌아서 들면 문 앞에는 향장*이 있는데, 높이가 대여섯 길이고 폭은 열 발이나 되었다. 흰색 사기 벽돌로 쌓고 아홉 마리 용을 새겨놓았다. 용은 오색 빛깔과 자줏빛·초록빛·남빛 등이 섞였다. 양각으로 도드라지게 조각했는데 자세히 보니 용의 사지·몸통·머리·뿔들을 유리기와를 합쳐서 붙인 것이다. 오르고 내리고 나는 모습이 변화무쌍한데 털끝만큼도 이은 흔적을 찾을 수 없었다.

* 響墻, 장식용 가림벽

사진은 오늘날 북해공원에 있는 구룡벽의 모습이다. 구룡벽은 오룡정 동북쪽 가까운 곳에 위치한다. 유리기와 조각으로 벽의 앞, 뒷면에 각각 아홉 마리의 용을 다양한 모습으로 조각했다. 250년이 지난 오늘날에도 여전히 생동감이 넘치는 조각품인 것을 감안하면, 1780년 연암이 구룡벽을 찾아갔을 때는 제작한 때로부터 25년이 지났을 때였으니 '털끝만큼도 이어 붙인 흔적을 찾을 수 없었다'는 표현은 과장이 아니었을 것이다.

사진 78-3 구룡벽

사진 78-4 자금성의 구룡벽

사진은 자금성 황극전의 조벽에 조성된 구룡벽의 모습이다.

오늘날의 중남해와 북해는 원나라 때부터 황성의 내원內苑으로 조성되어, 명나라 시대에는 태액지, 청나라 때는 서해자西海子로 불렸다. 연암이 사관으로 묵었던 서관이 태액지에서 가까웠기 때문이겠지만 연암은 연경에 머무르는 동안 태액지 서쪽의 여러 곳을 돌아보고 기록을 남겼다. 금오교, 오룡정, 구룡벽이 모두 그곳에 있었고 자광각紫光閣과 만불루도 부근에 있었다.

중남해의 서북쪽 기슭에 있는 자광각은 명나라 시대에는 황제가 친림해 무술을 연마하던 장소였고, 청나라 때는 전각 안에 역대 공신들의 영정을 모셔놓고 매년 황제가 공신들에게 잔치를 베풀었던 곳이다.

태액지를 따라가다 보면 자광각이라는 이름의 전각이 있다. 지붕 위에는 황색 유리기와를 이었고, 처마는 푸른색 기와를 썼다. 그 곁에는 백조방百鳥房이 있어 기이한 새와 짐승들을 기른다. 이 전각은 높고도 넓으며 그 아래는 말 달리고 활 쏘는 마당이 있는데, 옛 이름은 평대平臺이다. 숭정 경진년에 원숭환이 황제를 구원하러 들어왔으나, 황제는 도리어 모함을 당한 원숭환을 친히 이곳에서 찢어 죽였다.

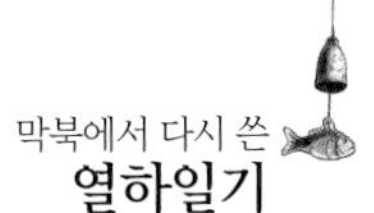

오늘날 자광각은 모두 중남해 구역에 포함되어 외부에 개방되지 않는다. 중남해 일대는 중화민국 시대에 한동안 공원으로 개방된 적이 있으나, 중화인민공화국 수립 이후에는 중국공산당 중앙과 국무원 기구들이 입주하면서 일반인의 출입이 다시 통제되고 있다. 그래서 자광각 역시 신중국 건국 이후 공산당 지도부의 회의장이나, 외빈들의 접대장소로 활용되고 있다.

아래 사진은 1954년경 모택동 주석과 주은래周恩來, 주덕朱德, 진운陳云 등 혁명지도자들이 자광각에서 회의하는 장면을 촬영한 기록 사진과, 오늘날의 자광각의 모습을 담은 자료사진이다.

사진 78-6,7 자광각

七十九
천단 이야기

천단天壇은 중국 문명사의 우주생성론을 단순하고 생생하게 표현하며, 중국을 통치한 봉건왕조의 권위를 상징하는 최고의 상징물이다. 천단의 상징적인 배치와 설계는 근대 이전 동아시아의 사상과 건축에 큰 영향을 미쳤다.

천단의 기원은 명나라 영락제 시대인 1420년에 정원을 둘러싼 담과 함께 천지단天地壇으로 건립한 것으로 시작되었다. 당시 세워진 중앙 건물은 커다란 장방형 전각으로, 그곳에서 하늘과 땅에 제사를 올렸다. 가정제嘉靖帝 시대인 1530년에는 하늘과 땅에 각각 별도의 제사를 올리기로 하고, 중앙 건물의 남쪽에 하늘에 제사를 올리는 원구단圓丘壇을 짓고, 천지단을 '천단'으로 개칭했다. 그와 더

불어 자금성의 북쪽에는 땅에 제사를 지내는 지단地壇, 동쪽에는 태양에 제사 지내는 일단日壇, 서쪽에는 달에 제사 지내는 월단月壇을 각각 세웠다.

청나라 건륭제 때인 1749년에는 원구를 확장하고 중앙건물을 '기년전祈年殿'으로 개수했다. 그 당시 천단은 273ha에 이르렀다. 1911년 신해혁명까지 490년 동안 명나라와 청나라 왕조의 22명의 황제는 천단에서 654번이나 하늘에 제사를 올렸다. 이어 1918년에 천단공원으로 개방되어 오늘에 이르고 있다.

연암이 천단을 둘러볼 무렵은 역사상 가장 규모가 크고 화려하게 조성되었던 시기였다.

《열하일기》 황도기략

천단은 영정문永定門 안에 있다. 담장의 주위는 거의 10리쯤 되고 그 기반은 세 단으로 되어 그 위로는 말이라도 달릴 수 있게 되었다.

안에는 원구가 있는데 제1층의 기단은 넓이가 백여 보, 높이는 한길이 넘는다. 기단의 바닥면은 모두 푸른 유리벽돌을 깔았다. 난간 네 둘레는 모두 녹색 유리로 기둥을 만들고 네 군데로 터진 층층대는 모두 아홉 계단이며, 폭은 두 길 정도이고 푸른 유리벽돌을 깔았다. 계단의 난간도 녹색 유리로 된 기둥으로 만들었다. 제2층의 바닥면은 두 발 남짓이 되는데 모양과 색이 첫째 층과 같다.

원구의 밖은 황색 유리기와로 이은 담장을 둘렀는데 네 방향으로 영성문欞星門을 만들어 원元, 형亨, 이利, 정貞으로 나누고 동서남북으로 이름을 붙였다.

황궁우皇穹宇·신악관神樂觀과 태화전의 재궁齋宮·천고天庫·신주神廚 등은 모두 황색 유리기와 지붕이다.

천단은 북경의 정양문正陽門에서 남동쪽으로 3.5㎞ 떨어진 곳에 있다. 천단의 중심에는 원구가 있다. 원구는 흰 대리석으로 만들어진 3개의 둥근 단으로 구성된다. 이 단들은 위로 올라가면서 지름이 줄어들며 좁아지고, 각각의 단들은 흰 대리석 난간이 감싸고 있다. 난간에 있는 360개의 기둥은 고대 중국인이 사용했던 음력의 1년인 360일을 의미한다. 황제의 왕관은 정중앙의 가장 높은 곳에 자리하는데, 이는 하늘의 아들이면서 동시에 하늘과 땅의 중재자인 황제의 역할을 상징하는 것이다.

사진은 원구의 출입문 역할을 하는 영성문의 모습이다. 다음의 사진들은 오늘날 원구의 전경과 상단의 모습이다. 수많은 중국인이 원구의 중심에 서서 기념촬영을 하고 있다. 이들에게는 그곳이 세계의 중심 즉, 옴파로스(Omparos)가 아니겠는가.

한편 원구의 북쪽에 있는 황궁우皇穹宇는 황제가 '금욕의 궁'으로 불리는 제궁에 들어가기 전에 제사를 올리는 곳이었다. 〈79-4〉는 오늘날 황궁우의 모습이다.

사진 79-1 원구의 영성문

위에서부터
사진 79-2 원구
사진 79-3 원구 상단
사진 79-4 황궁우

원구의 북쪽에 있는 기년전祈年殿은 풍요로운 수확을 비는 제단이다. 기년전은 청색 유리기와를 얹은 3층 건물을 원형 제단 위에 건립한 거대한 목조건물이다. 길이 440m, 폭 25m의 긴 회랑에 의해 원구로 연결되며, 모양과 재질은 원구의 대리석 3층 원형 구조를 그대로 따르고 있다. 연암이 《열하일기》에서 '재궁齋宮'이라고 부른 건물이기도 하다. 다음의 사진들은 기년전의 오늘날 모습이다. 기년전의 내부에는 '황천상제皇天上帝'라는 위패가 봉안되어 있다.

제국주의의 침략은 중국인들이 수백 년 동안 신성불가침의 영역으로 믿었던 천단에도 예외 없이 몰아쳤다. 1860년과 1900년 영·불 연합군과 8국 연합군이 천단을 점거하여 이곳에 사령부를 설치하고, 원구단 위에 대포를 설치해 정양문과 자금성을 포격한 것이다. 또 연합군은 이곳에 진열해 두었던 제기를 약탈해갔다. 이러한 만행에 대한 중국인들의 분노와 충격은 이루 형언할 수 없을 정도였다.

1918년 중화민국 정부는 천단을 공원으로 만들어 일반에 개방했다. 이제 하늘에 제사를 지내던 신성한 영역이 시민들의 휴식처가 된 것이다. 오늘날의 천단공원은 부지만 약 273만㎡로 자금성의 네 배에 달하며, 독특한 건물배치와 아름다운 숲이 조성되어 북경시민들에게 가장 사랑받는 휴식공간으로 손꼽힌다. 맨 아래 사진은 천단공원에서 휴식하는 북경시민들의 모습이다.

위에서부터
사진 79-5, 6 기년전
사진 79-7 천단공원의 북경시민들

八十
옹화궁 이야기

옹화궁은 청나라 강희제 시대에 창건된 라마교 사원이다. 원래 이곳은 환관의 수장인 대내총관大內摠管의 자택이었다고 한다. 1693년(강희 33년)에 강희제가 이곳을 새로 지어 넷째 아들 옹친왕 윤진胤禛에게 하사하면서 옹왕부雍王府라 불리게 되었다. 1723년에 옹친왕이 옹정제雍正帝로 즉위하여 자금성으로 들어가자, 이곳도 행궁인 옹화궁으로 승격되었다.

1735년에 옹정제가 사망한 후 옹화궁에 시신이 안치되었으며, 이로 인해 주요 전각의 녹색 기와가 황금색 유리 기와로 교체되었다. 또한, 건륭제가 이곳에서 출생하여 황제에 즉위함으로써 옹화궁은 두 명의 황제를 배출한 용잠복지[15]로

15) 龍潛福地, 용이 머무르는 복 받은 곳

사진 80-1 옹화문

지정되어, 황금색 지붕에 붉은색 담장으로 건물을 구성하고, 자금성과 동일한 규격을 갖추었다. 1744년(건륭 9년) 건륭제가 이곳을 라마교 사원으로 개창해 몽골에서 온 500명의 라마들을 상주하게 하면서 옹화궁은 명실상부한 중국 최고의 불교사원이 되었다.

이제 오늘날의 옹화궁을 살펴본다. 옹화궁의 정문은 옹화문雍和門이다. 옹화문의 전각에는 사천왕상이 안치되어 있다. 옹화문을 들어가 옹화궁과 영우전을 지나면 법륜전法輪殿이 있다. 연암 박지원이 옹화궁에 들렀을 당시에는 마침 라마승들이 전각에 들어가 가부좌를 틀고 앉아 염불을 하던 중이었다. 연암은 이를 《열하일기》에 기록하였다. 여기서 등장하는 전각이 바로 이 법륜전이다.

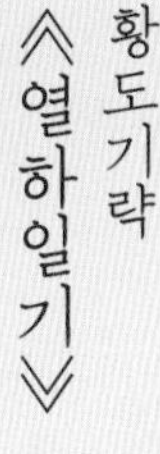

이 절에 있는 중은 모두 라마승 3,000명이다. 겉모습이 우악스럽고 추하기 짝이 없었다. 다들 금실로 짠 가사를 질질 끌고 있었다. 때마침 우중*이라 중들이 큰 전각 속으로 죽 들어간다. 다리가 짧은 바둑판 같은 책상을 늘어놓고 한 사람씩 평좌를 하고 앉는다. 중 하나가 종을 울리매 여러 라마승은 일제히 염불을 한다.

* 禺中. 상오 10시경

법륜전은 옹화궁 내 전각 중에서 가장 넓고 특이한 양식을 보이고 있다. 구조는 十자 형태로서 지붕에는 5개의 작은 누각이 있고 그 누각마다 금탑이 하나씩 세워져 있다. 중앙에 있는 법륜전의 동, 서 양쪽으로는 반선루班禪樓와 계대루戒臺樓가 배열되어 있다. 이 누각은 1780년 건륭제의 칠순을 축하하기 위해 열하에 왔던 판첸라마 6세를 위해 세운 것이다. 판첸라마 6세는 이후 열하를 떠나 북경으로 도착해 이 누각에서 설법하기도 했으나 불과 3개월 후 천연두로 사망하고 만다. 다음의 사진은 법륜전의 오늘날 모습이다.

〈80-4〉는 법륜전 앞에서 만난 젊은 라마승들의 모습이다. 연암에게는 이곳 법륜전 앞에서 만난 라마들의 인상이 좋지 않았던 것 같다. 그래서 《열하일기》에서 '겉모습이 우악스럽고 추하기 짝이 없었다'라고 표현했다.

법륜전에는 15세기 초 라마불교 게루파의 창시자인 종카바의 상이 모셔져 있다. 달라이라마와 판첸라마는 모두 그의 제자였으므로 종카바는 사실상 라마교의 개창자로 추앙받고 있다. 〈80-5〉는 법륜전의 종카바상을 촬영한 것이다.

옹화궁 내에서 가장 웅장한 건물은 법륜전 뒤의 만복각萬福閣이다. 가운데의 3층으로 된 전각 안에는 거대한 백단거불이 서있고, 그 양쪽으로는 2층 전각이

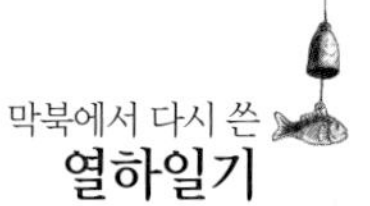

사진 80-2,3 법륜전과 현판

위에서부터
사진 80-4 법륜전 앞의 라마승
사진 80-5 법륜전의 종카바상

이어져서 공중으로 연결된 건물이다. 다음의 사진은 만복각의 오늘날 모습이다.

만복각에 서있는 백단거불白檀巨佛은 백단목 통나무로 조각한 지상 18m 높이의 관세음보살상이다. 백단거불은 옹화궁을 조성할 때 달라이라마 7세가 건륭제에게 헌상한 티벳산 백단목에 미륵보살상을 조각한 것이다.

달라이라마 7세는 이 백단목을 네팔에서 구해 히말라야산맥을 넘어 티벳으로

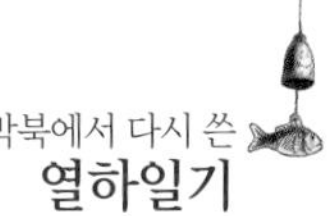

사진 80-6, 7 만복각과 현판

옮긴 뒤 다시 사천성四川省을 지나 양자강으로 떠내려 보냈고, 대운하로 옮겨 북경까지 총 3년에 걸쳐 운반했다고 한다. 당시 북경 최고의 장인들에 의해 조각된 이 미륵보살상은 지하에 8m가 묻혀있고, 지상으로는 18m의 높이에 이른다.

연암은 옹화궁에 관한 대부분의 기록을 만복각에 올라가서 백단거불을 구경한 이야기로 적고 있다. 백단거불의 겉면에는 도금이 되어 있어서 연암은 이를 금부처라고 표현했다.

옹화궁은 옹정황제의 명복을 비는 사원이다. 삼층 처마의 큰 전각이 있고, 그 속에는 금부처가 있다. 열두 개의 사닥다리를 올라가면 귀신 동굴로 들어가는 것 같았다. 사닥다리가 끝나면 누각에 오르고 처음으로 햇빛이 들어온다. 누각의 네 둘레는 난간으로 두르고 가운데는 우물처럼 비워서 금부처의 하반신에 미치게 된다.

또 여기서부터는 사닥다리를 밟고 올라 캄캄한 속으로 한참 가면 여덟 창문이 환하게 터진다. 누각 속 우물처럼 비워진 곳은 아래층 같아서 금부처의 등 절반이 겨우 보인다. 다시 어둠 속을 더듬어 캄캄한 데를 올라가면 곧장 위층으로 나오게 되어 비로소 부처의 머리와 나란히 서게 된다. 난간을 의시하고 굽어보니, 바람이 마치 소나무 숲에서 우수수 불어오는 것 같다.

오늘날에는 관리상의 문제로 만복각의 3층 전각에는 올라갈 수 없도록 하고 있다. 다음의 사진은 오늘날의 만복각 백단거불의 모습이다. 엄청난 크기의 불상을 렌즈가 제대로 담아내지 못하는 것이 아쉬울 따름이다.

사진 80-8 백단거불

공자의 사당을 참배한 기록

알성퇴술

謁聖退述

八十一
태학 이야기(1)
공묘

북경에 도착한 조선의 선비들이 꼭 가봐야 할 곳이 바로 공묘孔廟와 국자감國子監이었다. 유교 국가에서 태어나 입신한 조선의 유학자들로서는 공자의 모국에서 공자의 위패가 봉안된 문묘에 배알하고, 유학의 본거지이자 중국의 국립대학인 국자감을 돌아보기를 갈망하는 것은 너무나 당연한 일이었다.

원래 공묘는 공자의 사후 1년이 지난 기원전 478년에 노魯나라 애공哀公이 산동성의 곡부曲阜에 공자가 생전에 살던 집을 개조해 사당으로 건립한 것이 기원이 되었다. 이후 역대 황제들이 공자에게 제사를 지내기 위해 황궁의 격식에 맞추어 부단히 확장하고 격을 높이게 되었다.

당시 중국에는 여러 곳에 공묘가 있었으나, 가장 의미 있고 규모가 큰 곳은 공자의 고향인 곡부와 수도인 연경, 그리고 황제의 여름궁전이 있던 열하에 있는 공묘였다. 그중 열하와 연경의 공묘를 방문하여 공자의 위패에 배알한 연암으로서는 당연히 감격할 수밖에 없는 일이었다. 그래서 연암 역시《열하일기》에서 '공자를 배알하고 물러나와 글을 쓰다'라는 의미의 '알성퇴술謁聖退述'에서 '태학太學, 학사學舍, 역대비歷代碑, 명조진사제명비明朝進士題名碑, 석고石鼓'라는 제목으로 공묘와 국자감에 대한 다섯 편의 글을 남겼다.

북경의 공묘는 원나라의 세조 쿠빌라이 시대인 1302년에 창건되었다. 그 후 원나라 말기에 이르러 전란으로 훼손되었다가 명나라 영락제 때인 1411년에 재건하였으며, 청나라 건륭제 때인 1737년에 황색 유리기와로 대규모 개축하고, 청나라 말기인 1906년 광서제光緖帝 시대에 다시 확장하여 오늘날의 모습을 갖추게 되었다. 오늘날의 공묘는 2만㎡에 달하는 부지에 선사문先師門, 대성문大成門, 대성전大成殿, 숭성사崇聖祠를 갖추고 있다. 이제 연암이 방문한 공묘의 이야기를 오늘날의 모습과 함께 살펴본다.

《열하일기》 알성퇴술 태학

북경 동북쪽에 숭교방崇敎坊이라는 동네가 있는데, 패루가 있는 네거리를 성현가成賢街라 하며, 패루 안에는 국자감國子監이라 씌어있다. 영락 2년에는 왼편의 공묘와 오른편에 태학을 세웠다.

아래의 사진은 공묘와 국자감이 있는 성현가 입구 패루의 오늘날 모습이다. 4개의 패루에는 연암이 보았던 대로 국자감이라고 적혀있다.

오늘날 공묘의 입구에는 선사문先師門이 있고, 선사문을 들어서면 공자의 석

사진 81-1 국자감 패루

사진 81-2 대성문

상과 함께 공묘의 정문인 대성문이 있다. 대성문을 들어서면 공자의 신위에 제사를 지내는 사당구역이다. 사진은 대성문의 오늘날 모습이다.

대성문에는 섬돌 위 양쪽에 주나라 선왕(宣王, B.C 827-782) 때 돌로 만든 북인 석고石鼓의 복제품이 진열되어 있다. 석고는 사연이 많은 고대의 유물로 진품은 지금 국립박물관에 옮겨져 있다.

석고가 놓여진 벽면에는 석고에 새겨졌던 고대 갑골문을 해서체로 옮기고 그것을 다시 오늘날의 간체로 번역해 놓았다. 연암은 이미 젊은 시절에 당나라의 한유(韓愈, 768-824)와 송나라의 소식(蘇軾, 1036-1101)이 지은 석고가石鼓歌를 읽고 나서, 석고의 글 전문을 보지 못함을 한스럽게 생각하고 있었다면서 이곳 대성문의 석고를 어루만지며 감회에 젖기도 한다.

알성퇴술 석고 《열하일기》

석고는 10개인데 대성문 좌우에 5개씩 세웠다. 주나라 선왕이 기산岐山 남쪽에서 사냥놀이를 크게 하고는 돌을 깎아 북을 만들어 그 사적을 기록한 것이다. 내가 나이 18세 때 처음으로 한유와 소식의 석고가를 읽고, 석고에 새겨진 문장

전체를 보지 못한 것을 한탄했더니, 오늘 내 손으로 석고를 어루만지면서, 입으로 반적潘迪이 써둔 석고음운비石鼓音韻碑를 읽고 보니 외국인으로서 이 어찌 행복한 일이 아니겠는가.

사진은 오늘날 대성문 양편에 배열된 석고의 복제품들의 모습이다. 석고의 왼편에 서 있는 돌비석이 바로 원나라 학자 반적이 해설한 석고음운비이다.

한편 대성문 안팎으로는 비정碑亭 14채가 배치되어 있다. 비정 안에는 돌거북을 기반으로 거대한 비석이 서 있다. 명나라 때에 세워진 것은 하나고 나머지 13개는 모두 청나라 때의 것이다. 비문들은 태학을 수리하거나 공자를 찬양하는 내용이거나 북방의 몽골족 등 외적과 싸워 이긴 전공을 기념해서 세운 비석들이다.

사진 81-3 석고와 석고음운비

사진 81-4 비정

연암은 이곳에서 비석을 읽어보면서 일부 내용을 베껴 쓰기도 했다. 《열하일기》에는 '역관 조달동에게 여러 비석을 나누어 베끼게 했으나 모두 다 기록할 수가 없었다. 볼만한 문장이 많았는데 두루 다 열람하지 못한 것이 안타까울 뿐이다'라고 쓰고 있다. 사진은 비정의 모습이다.

또한 대성문 앞뜰에는 명나라와 청나라 시대에 과거에 급제한 진사進士들의 이름과 본관, 과거에서의 석차를 새겨놓은 비석인 '진사제명비進士題名碑'들이 빼곡하게 서 있다. 이곳의 비석은 모두 198개이고 이름이 오른 진사는 5만 1,624명이라고 한다. 진사제명비를 둘러본 연암은 다소 시큰둥한 반응을 보인다. 스스로가 과거를 멀리했던 탓일지 모르겠다.

《열하일기》 알성퇴술 명조진사제명비

진사과에 합격한 사람의 이름을 비석에 새긴 것은 명나라 선덕 5년부터였다. 그로부터 숭정 13년까지 71개의 비석을 세웠다. 지금 청나라의 과거제는 명나라의 옛것을 그대로 본받아서 진사제명을 한 비석이 밭이랑처럼 빽빽하게 들어섰다. 만일 왕조의 운명이 한없이 뻗어 나가거나, 왕조가 자주 바뀌더라도 이곳을 수도로 삼아 태학에 비를 세우는 행사를 그대로 지킨다면, 저 흔해빠진 비석들을 어디에 다 세울지 모르겠다.

수나라 이후 역대 중국의 왕조에서는 관리의 등용 방법으로 과거제를 실시했다. 과거급제는 관리로 출사하는 것뿐만 아니라 학문적으로도 인정받는 것을 의미했기 때문에 명예로운 일이 아닐 수 없었다. 그래서 진사제명비는 '명예의 전당'에 이름을 올린 것을 의미했다.

2007년 9월에는 북경시의 하급 행정단위에서 대학입학시험 수석합격자의 이름을 새긴 비석을 공묘에 세우자는 계획을 발표했다가 논란을 빚은 적도 있었다. 대학입시를 예전의 과거제와 동일시하면서 공묘에 수석합격자의 이름을 새긴 비석을 세우자는 구체적인 계획을 내걸었지만 무슨 뚱딴지같은 소리냐는 비난에 밀려 주저앉고 말았다. 문화혁명을 거쳤음에도 여전히 중국인들의 내면에 살아 있는 봉건의식을 보여주는 예라고 생각된다.

다음 사진은 대성전 뜰 앞에 서 있는 진사제명비의 오늘날 모습이다. 비바람을 피하려고 지붕을 씌운 것을 제외하고는 연암이 둘러본 그날 그대로의 모습으로 오늘날까지 서 있다.

공묘의 중심건물은 대성전大成殿이다. 대성전은 정면 폭이 9칸, 안 길이가 5

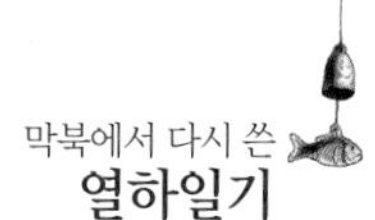

사진 81-5 진사제명비

칸이며, 지붕 위에는 황금색 유리기와를 얹어 찬란하게 장식했다. 대성전 안에는 감실이 있고, 그 안에 공자의 위패가 있다. 감실 양옆에는 안연顔淵, 증삼曾參, 자사子思 등 제자들의 위패를 비롯하여 편종編鐘과 편경編磬 등 악기가 배열되어 있다. 감실 주변에는 청나라 황제들이 쓴 편액이 걸려 있다.

오늘날의 대성전 건물은 청나라 말기인 1906년 광서제 시대에 증축한 것이지만 연암이 찾아갔을 당시에도 이 건물의 모양은 현재와 크게 다르지 않았다. 연암이 공묘의 대성전에서 배알하는 장면을 《열하일기》에서 읽어본다.

《열하일기》 알성퇴술 태학

나는 부사와 서장관을 따라 뜰에서 두 번 절을 올렸다. 이제 공묘의 모양을 두루 살펴보니, 명나라의 옛 방식을 본뜬 듯한데, 태화전에 비하면 조금 작지만 정제된 모습은 비슷했다. 뜰과 섬돌의 넓이와 행랑과 곁채의 둘레는 동악묘와 비교할 바가 아니었다.

성인들의 위패는 모두 감실 안에 넣고 황색 휘장을 드리웠다. 강희 연간에 주자를 10철의 다음에 올려 모셨다. 거문고·비파·종·북 등의 악기를 대성전 속에 진열해 놓았다.

다음 사진은 대성전의 오늘날 모습이다. 사진에 보이는 계단 밑의 뜰에서 연암 박지원은 사신을 따라 두 번 절하고 대성전 안으로 들어갔다. 지금 대성전에는 현판과 함께 강희제가 호방하게 써놓은 '萬世師表(만세사표)'가 새겨진 편액이 함께 달려 있다.

한편 대성전의 서쪽 모퉁이에는 십삼경각석十三經刻石이 줄지어 서 있다. 이는 유교경전 중 《논어》, 《맹자》, 《효경》, 《주역》, 《상서》, 《시경》, 《주례》, 《의례》, 《예기》, 《이아》, 《춘추좌씨전》, 《춘추공양전》, 《춘추곡양전》 13종의 경전의 전문을 돌비석에 새겨놓은 것이다.

이 십삼경각석은 청나라 건륭제 시대인 1794년에 당대의 대학자 장형蔣衡이 12년에 걸쳐 필사한 십삼경을 학사 팽원서가 수정한 다음 돌비석에 새겨 완성한 것이다. 당시 이 작업은 건륭제의 칙명으로 화신이 총괄했다고 전한다. 1780년에 공묘를 찾아간 연암은 《열하일기》에서 공묘의 비석을 읽어보면서 감회에 젖는 장면을 여러 차례 기록했으나 십삼경각석은 완성되기 훨씬 전이라 보지 못했다.

사진은 오늘날의 십삼경각석의 모습이다. 보존을 위해 별도 건물을 만들어 온도와 습도까지 조절하고 있다.

위에서부터
사진 81-6 대성전
사진 81-7 대성전과 현판
사진 81-8 십삼경각석

八十二
태학 이야기(2)
국자감

공묘의 서쪽에는 국자감國子監이 있다.

공자의 위패를 모시고 제사를 지내는 공묘와 함께 공자의 가르침을 공부하는 국자감을 공묘의 옆에 배치한 것이다. 1306년 원나라 성종成宗이 최초의 국자감을 창건했다. 이후 명나라 초에는 남경으로 수도를 정하면서 오늘날의 북경의 옛 이름인 북평北平을 붙여 '북평군학北平郡學'으로 이름을 바꾸었다가 영락제가 북경으로 수도를 옮기면서 1404년에 국자감으로 승격했다. 이로써 국자감은 원·명·청나라 시대의 최고 교육기관 역할을 했다.

국자감의 건물배치는 남쪽의 정문인 집현문을 들어서면 태학문, 유리패방, 벽옹, 이륜당, 경일정의 순서로 배치되어 있다. 국자감의 정전인 벽옹은 북쪽의 이

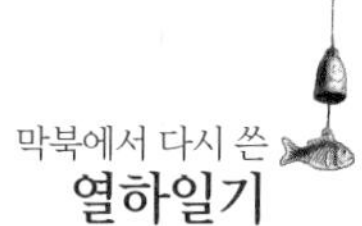

륜당과 함께 하나의 뜰에 서 있다. 벽옹의 동쪽에는 전부당, 승건청, 솔성당, 성심당, 숭지당이 있고, 서쪽에는 전적청, 박사청, 수도당, 정의당, 광업당이 학사로서 배치되어 있다. 이륜당 북쪽에 있는 경일정은 명나라 가경제嘉慶帝 때인 1528년에 건립된 건물로서, 국자감을 대표하는 제주祭酒의 집무실로 사용되었다. 이제 《열하일기》를 읽어본다.

《열하일기》 알성퇴술 학사

청나라는 개국한 지 이미 오래되고 나라가 태평하고 문물과 교육이 정돈되어 한, 당 시대보다 낫다고 자부하지만, 오늘 여러 학사를 돌아보니 십중팔구는 텅 비어 있었다. 더구나 며칠 전에 간신히 석전대제를 지냈다는데, 대성문 왼쪽 벽에 붙여 둔 석전대제에 참석한 학생 명부를 보면 겨우 400여 명에 불과하다. 그것도 모두가 만주인과 몽골인뿐이요, 한족은 한 명도 없음은 무슨 까닭일까? 비록 한인들이 벼슬을 하여 공경公卿에 이른다 하더라도 성 안에서는 집을 얻을 수 없으니 이 땅에 유학하는 선비도 감히 거처할 수 없는 것인가? 그렇지 않으면 중국인으로서 오랑캐와 한 책상에서 공부한다는 것을 치욕으로 여기는 것인가?

그러나 여기에도 본받아야 할 일이 있다. 이곳 학사들이 텅 비어 있다면 당연히 먼지에 파묻히고 잡풀이 돋았을 터인데, 어디든지 씻고 닦아 맑게 정돈하지 않은 곳이 없다. 탁자들은 가지런하고, 문짝과 창문의 종이는 하나도 찢어지고 떨어진 데가 없다. 이것은 비록 한 가지 일이지만 법도의 대강을 알 수 있는 일이다.

위에서부터
사진 82-1 태학문과 현판
사진 82-2 유리패방

사진은 국자감의 정문인 태학문의 모습이다. 태학문을 들어서면 〈82-2〉의 유리패방이 나온다. 건륭제 시대에 벽옹을 세울 때에 함께 만들어진 것이다. 연암은 유리패방을 세우기 이전에 이곳을 다녀갔기 때문에 《열하일기》에는 이에 대한 기록이 나타나지 않는다.

유리패방과 넓은 정원을 지나면 이어서 벽옹辟雍이 서 있다. 벽옹은 건륭제 즉위 50주년에 맞추어 건립되었기 때문에 1780년(건륭 45년)에 이곳을 다녀간 연암은 볼 수 없었던 건물이다. 벽옹은 유교 경전인 《예기》에 '천자의 학교는 주위

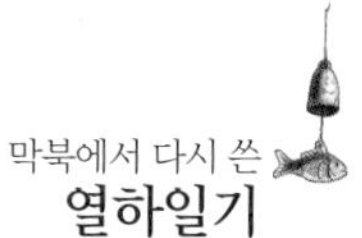

사진 82-3,4 벽옹

에 원형의 연못을 둔다'는 구절에서 유래한다. 주위에 원형의 연못을 둔다는 것은 사해四海를 교화함을 상징하는 것이다.

사진 82-5 연행도의 벽옹

한편 역대 중국의 황제들은 태학에 친히 나와 공자의 위패에 제사지내고, 유학을 강론하는 임옹대전臨雍大典을 통해 황제의 권위와 통치 이데올로기를 쌓아갔다. 원래 역대 황제의 임옹대전은 이륜당彝倫堂에서 거행되었으나, 건륭제는 고대 중국의 제도를 부활하는 의미에서 국자감에 벽옹을 건립하고 자신의 통치철학을 천하에 펼치려 했다.

이에 벽옹은 1785년 건륭제 즉위 50년에 맞추어 완공되었다. 벽옹은 직경 60m의 원형 연못 안에 동서남북 사방을 돌다리로 연결한 정사각형의 대를 만들어 이층 처마의 건물로 올렸다. 연못에는 국자감 안팎에 네 개의 우물을 파서 물을 공급하도록 했다. 앞의 사진은 벽옹의 오늘날 모습이다.

북경 유람에 나선 조선의 선비들이 반드시 찾았던 벽옹은 연행도에도 남아있다. 이 그림은 도화서의 화원으로 사행단에 속해 북경을 다녀온 단원 김홍도가 그렸다는 설이 유력하다.

다음의 사진은 벽옹 내부 옥좌의 모습이다. 이 옥좌에 앉아 건륭제는 유학을 강론했다. 강론하는 건륭제의 음성은 즉시 시립하고 있던 내관이 밖으로 전달하고 다시 목청이 큰 내관의 입을 통해 정원에 앉아서 강론을 듣던 3,000여 명의 대신들과 거사들에게 전달되었다. 그 아래 사진은 벽옹을 둘러싸고 있는 원형 연못의 모습이다.

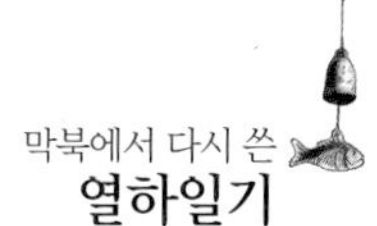

위에서부터
사진 82-6 벽옹의 옥좌
사진 82-7 벽옹의 연못

벽옹이 완공된 1785년 2월 7일에는 건륭제가 공묘로 나와 대성전에서 석전제釋奠祭를 주관하고, 벽옹에서 유학을 강론하는 임옹대전을 거행했다. 이때 조선에서 축하사절로 북경에 온 정사 박명원이 부사 윤승렬, 서장관 이정운 외에 역관 3명을 대동하고 임옹대전 행사에 참석했다. 사신들은 행사에 참석하기 위해 미리 두 차례 이곳에 와서 예행연습을 했고, 당일에는 오전 4시경부터 벽옹에 가서 대기하다가 서남쪽 뜰에 꿇어앉아 황제의 강론을 들었다. 당시 정조에게 올린 사신의 보고내용을 실록에서 읽어본다.

《조선왕조실록》 정조 9년 2월 14일

사은정사 박명원과 부사 윤승렬이 보고했다.

황제는 재작년에 호부상서 유용劉墉, 예부상서 덕보德保, 공부상서 김간金簡에게 명하여 태학의 서쪽에 벽옹을 짓게 하였고, 금년 2월 7일에 친히 석전제를 거행한 다음 벽옹에 행차하여 유학을 강론한다고 하였습니다.

2월 7일 오경에 저희가 서장관 이정운과 역관 3인과 함께 벽옹의 뜰에 나아가니, 특별히 저희들에게 서반* 뒷자리, 거인**들의 앞자리에 자리를 마련해 주었습니다. 날이 밝을 무렵에 황제가 석전제를 행하고, 벽옹에 나아가 유학을 강론하였는데, 동반, 서반의 관리들이 수백 명이고 학생들로서 뜰에 들어온 사람이 수천 명이었으며, 공자의 72대 자손 연성공衍聖公 공헌배孔憲培도 곡부현에서 와서 참석했습니다.

모두 삼배구고두례를 행한 뒤에, 비로소 신 등으로 하여금 일궤삼고례를 행하게 하였습니다. 강론에 참가한 여러 신하들에게도 모두 차를 한 순배씩 내려주고, 저희들과 역관에게도 또한 차 한 순배씩을 내려주었습니다. 이윽고 황제가 강론을 파하고, 원명원으로 행차하였는데, 저희들은 그대로 반열에서 지송례***를 행하였습니다. 황제가 가마 안에서 돌아보며 말하기를, "이 사람들이 조선의 사신인가?"라고 하니, 옆에 있던 태학사 화신이 "그렇습니다"라고 대답했습니다.

---

* 西班, 무반 소속 관리
** 擧人, 유학을 공부하는 국자감의 학생
*** 祗送禮, 신하들이 가마를 타고 떠나는 임금을 전송하는 의식

사진 82-8 벽옹의 정원

사진은 벽옹에서 남쪽으로 펼쳐진 정원의 모습이다. 이 정원의 서쪽 뒤편에서 조선의 사신들은 꿇어앉아 건륭제의 강론을 들었다.

한편 벽옹의 북쪽으로는 이륜당彝倫堂이 서 있다. 이륜당은 벽옹이 세워지기 전까지 국자감의 중심 건물로서 황제가 유학을 강론하던 곳이다. 오늘날 이륜당 앞에는 공자의 동상이 서 있다. 다음의 사진은 이륜당의 오늘날 모습이다.

국립대학이던 국자감에는 학생들이 공부하던 학사들이 벽옹을 가운데에 두고 동서 양쪽으로 배열되어 있다. 일명 동서육당東西六堂이라고 한다. 학생들은 밖에 있는 기숙사에서 평소에 글을 읽고 학급별로 정해진 날 이곳에 와 수업을 했다. 학생들의 수업연한은 3년이었고, 기숙사를 배정받고 매월 일정액의 급료도 받았다.

《열하일기》에는 회강당, 솔성당, 수도당, 성심당, 정의당, 숭지당, 광업당 등의 학사 이름이 나와 있는데, 오늘날에도 같은 이름을 찾아볼 수 있다. 아래의 사진은 학사의 회랑과 학사의 현판을 촬영한 것이다.

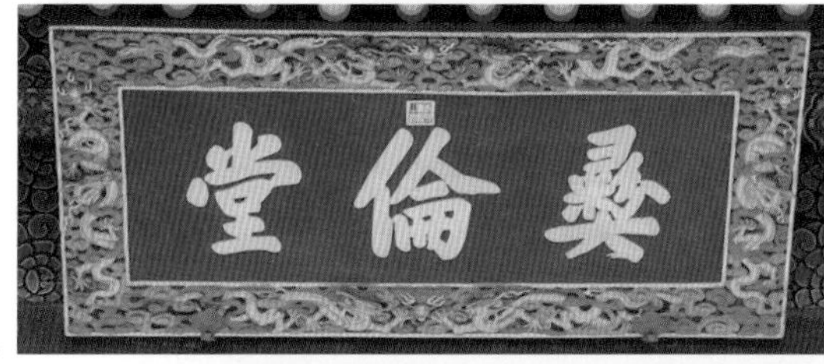

사진 82-9, 10 이륜당과 현판

사진 82-10, 11, 12 학사의 회랑과 현판

八十三
순천부학 이야기

순천부학은 문승상사文丞相祠의 서쪽 편에 담 하나를 사이로 붙어있다. 원래 순천부학의 전신은 보은사報恩寺라는 절이었다. 명나라 건국과 더불어 태조 홍무제가 수도를 남경으로 정하면서 원나라의 수도 대도는 북평부北平府로 개칭되었다. 이에 원나라 때의 국자감은 북평부학北平府學으로, 보은사는 대흥현학大興縣學로 변경되었다.

명나라 영락제 원년인 1403년에 북평이 순천부順天府로 승격되면서 대흥현학은 순천부학順天府學으로 승격되어 북경의 관리들이 연수, 학업, 시험을 치르는 곳으로 사용되었다. 순천부의 기록에 따르면 순천부학의 서쪽은 학궁學宮과 공묘孔廟가 있었고 동쪽은 문승상사이며, 그 동쪽에는 문창사文昌祠가 있었다고 한다.

《열하일기》 알성퇴술 순천부학편

황성의 동북쪽 '육현방育賢坊'의 중앙에 순천부학이 있다. 영성문에 들어서면 반월 모양으로 못을 파 놓았는데 이것이 반수泮水이다. 반수에 세 개의 구름다리를 놓고 흰 돌로 난간을 만들었다.

다리 북쪽에 대문이 세 개 있는데, 중앙이 대성문大成門이고 왼쪽이 금성문金聲門, 오른쪽이 옥진문玉振門이다. 성전의 바깥 편액에는 '先師廟(선사묘)'라 했고 안에는 '萬世師表(만세사표)'라고 썼으니 모두 강희제의 어필이다. 공자의 위패에는 '至聖先師孔子之位(지성선사공자지위)'라고 썼다.

부학은 옛날 보은사라는 절이었다. 원나라 지정至正 말년에 탁발하던 승려가 호남 지방에서 시주를 받아 이곳에 보은사라는 절을 지었다. 불상을 안치하지도 못했는데 명나라 군대가 북경에 쳐들어왔다. 승려는 소문에 명나라 군대는 군율로 공자묘에는 들어가지 못한다는 것을 듣고, 공자의 위패를 빌려 전각에 두었다. 전쟁이 끝난 후 그 승려는 보은사에 얼씬도 하지 못하게 되었다. 그 뒤 이곳은 북평부학이 되었다가 청나라가 북경으로 천도한 후에는 순천부학이 되었다.

민국시대에 이르러 순천부학은 소학교, 영어교습소 등으로 사용되기 시작하여 중화인민공화국 수립 이후에도 학교로 사용되고 있다. 오늘날 순천부학의 자리에는 부학호동소학교府學胡同小學校라는 초등학교가 자리 잡고 있다. 학교 안에는 순천부학의 일부 건물들이 복원되어 있다. 사진촬영을 위해 안으로 들어가려고 해 보았으나, 경비원이 끝내 들여보내 주지 않았다. 하는 수 없이 입구에서 보이는 곳만 촬영하는 수밖에 없었다.

다음 사진은 대성문과 그 너머로 보이는 대성전의 모습이다. 정문을 통과해 대

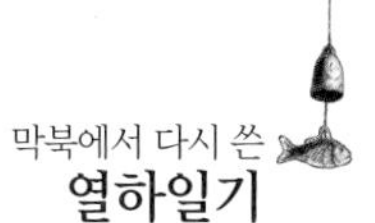

성문에 이르는 사이에 반수와 석교의 모습이 보인다. 아래의 사진은 대성전의 동쪽에 복원된 명륜당 건물의 모습이다. 현판에는 '예를 두텁게 하고 윤리를 밝게 한다'는 의미의 敦禮明倫(돈례명륜)이 적혀있다.

위에서부터
사진 83-1 순천부학 정문
사진 83-2 대성문
사진 83-3 명륜당

八十四 문승상사 이야기

조선의 선비가 북경에서 반드시 찾아가던 곳이 있다. 바로 문천상(文天祥, 1236-1282)의 사당인 문승상사文丞相祠다. 문천상은 남송 말기의 재상으로서 원나라 세조 쿠빌라이의 끈질긴 회유를 물리치고 죽음을 택했다. 청나라의 속국으로 떨어진 조선의 선비들이 문천상의 사당에 들러 그의 충절을 흠모하는 것은 곧 자신들의 정체성을 확인하려는 몸부림이었을 것이다.

문승상사는 원나라를 북원으로 격퇴하고 왕조를 창건한 명나라 태조 홍무제 때 창건되었다. 연암은 문천상의 사당에 참배하고 나서 느낀 감회를 《열하일기》에 '문승상사당기文丞相祠堂記'라는 제목으로 썼다.

《열하일기》 알성퇴술 문승상사당기

문승상의 사당을 참배하러 갔다. 사당은 시시*에 있으니, 이곳은 문승상이 순국한 곳이다. 동네의 이름은 교충방敎忠坊이다.

문승상사에는 원나라 때는 선비의 옷을 입은 소상을 모셨는데 명나라 시대에 순천 부윤 왕현王賢이 황제에게 아뢰어 송나라 승상의 관복으로 다시 만들었다. 영락 6년부터 매년 봄가을로 5월과 8월에 황제가 순천부윤을 보내 제사를 지내게 하는데 제물로는 술 세 종류, 과일 다섯 종류, 비단 한 필, 양 한 마리, 돼지 한 마리를 바친다. 나는 사당에 두 번 절하고 나오면서 한숨을 쉬고 탄식했다.

* 柴市, 나무 파는 시장

사진은 문승상사 정문의 모습이다. 정문의 현판은 강희제의 어필이라고 전한다. 문승상사의 사당은 지붕에 회색 기와를 얹었다. 봄, 가을에는 문천상을 기념하는 큰 행사가 모두 이곳에서 열린다. 아래의 사진은 사당의 오늘날 모습이다. 사당 앞에는 문천상이 감옥에 갇혀 있을 때 직접 심은 것이라고 전하는 대추나무 한 그루가 남쪽을 향하여 곧게 뻗어 있어 그의 당당한 기상을 알려주는 것 같다.

〈84-3〉은 문승상사 사당 안에 있는 문천상의 소상이다. 소상은 송나라 시대 승상의 관복 차림으로 홀을 들고 앉아있다. 사당 안에는 당나라 서예가 이옹李邕의 친필 비각 등 역사적 유물이 보존되어 있다.

위에서부터
사진 84-1 문승상사 정문
사진 84-2 문천상의 사당
사진 84-3 문천상의 소상

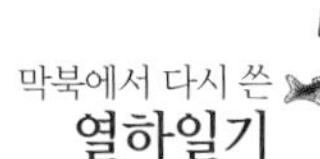

八十五
관상대 이야기

북경의 관상대觀象臺는 원나라 때에 처음 설립되었는데 전란으로 소실되었고 남아있던 천문의기天文儀器는 남경으로 옮겨져 보존되었다가 1442년 명나라 때에 오늘날의 위치에 중건되었다. 관상대는 높이 약 14m, 남북 20m, 동서 24m이며 8개의 청나라 시대의 천문의기를 진열해 놓고 있다.

1900년 의화단운동을 진압한다는 명분으로 8국 연합군이 북경에 침입했을 때 독일과 프랑스 양국은 8개의 천문의기 및 혼의渾儀, 간의평분簡儀平分 등 5개를 가져가 자국 대사관에 보관했다. 이후 프랑스는 1902년에, 독일은 1차 세계대전 후 반환하여 현재 관상대에 진열되어 있다. 지금의 북경 고관상대古觀象臺는 명나라 이래 500여 년간 실제로 천문을 관측하던 곳이다.

《열하일기》에서 연암은 관상대에서 관리인이 막아서는 바람에 부득이 관상대 구경을 하지 못하고 돌아섰다고 했다. 관상대는 높은 곳에 있어 멀리서도 천문관측 기구들이 눈에 띄었기 때문에 연암의 호기심을 자극하기에 충분했을 것이다.

《열하일기》 알성퇴술 관상대

성에 붙여 쌓은 높은 축대가 성가퀴보다 한 길 남짓이 솟은 데를 관상대라 한다. 대 위에는 여러 가지 관측하는 기계들이 놓였는데, 멀리서 보면 큰 물레의 바퀴 같았다. 이것으로써 천체와 기후 일체를 연구한다.

해와 달, 별자리의 움직임이나 구름, 비 같은 날씨의 변화를 이곳 관상대에 올라가 예측한다. 대 아래는 이 사무를 맡은 관청인 흠천감欽天監이 있다. 그 본관에 붙어 있는 현판에는 '관찰유근觀察惟勤'이라 씌었다. 뜰에는 여기저기에 관측하는 기계를 놓아두었는데, 모두 구리로 만들었다. 비단 이 기계들의 이름을 알 수 없었을 뿐 아니라, 만든 모양들도 모두 이상스러워서 사람의 눈과 정신을 얼떨떨하게 하였다. 대에 올라가니 성은 한눈에 굽어볼 만하였으나 수직하는 자가 굳이 막으므로 다 올라가지를 못하고 돌아섰다.

관상대 위에 진열한 기계들은 아마도 천문 관측기구인 혼천의渾天儀와 선기옥형璿璣玉衡 종류로 보였다. 뜰 한복판에 놓여 있는 것들도 역시 내 친구인 정석치*의 집에서 본 물건과 같았다. 석치는 일찍이 대나무를 깎아 손으로 여러 가지 기계를 만들었다. 그러나 이튿날 보러 갔더니, 그는 벌써 부셔 없애 버렸다. 언젠가 홍대용과 함께 정석치의 집을 찾아가 새벽까지 머물렀는데, 두 친구가 서로 황도와 적도, 남극과

북극 이야기를 하며 머리를 흔들고 또는 끄덕이곤 하였는데 이야기들이 알기 어려워서 나는 자고 말았다.

---

* 정철조(鄭喆祚, 1730~1781) 석치는 아명으로 벼슬은 정언(正言)을 지냈다. 연암 박지원, 담원 홍대용 등과 교류하며 이용후생학에 관심을 보였고 기계 제작에 뛰어난 솜씨를 지녀 기중기나 양수기 등의 기계들을 직접 만들어 내기도 했다

다음의 사진은 관상대의 모습이다. 축대 위에 전시된 것은 청나라 때의 천문기기의 복제품들이다. 연암은 관상대 맞은 편의 성벽에 올라가서 축대 위에 놓인 천문기기를 살펴보고 "멀리서 보면 큰 물레의 바퀴 같아 보였다"라고 표현했다.

연암은 관상대에 올라가려다가 관리인의 만류로 부득이 돌아서고 말았다. 그 대신 관상대를 관리하는 관청인 흠천감의 뜰에 있는 천문기기를 돌아보았다. 흠천감 뜰에 있는 관측 기계들은 모두 청동으로 만든 것이었는데 '모두 이상스러워서 사람의 눈과 정신을 얼떨떨하게 하였다'고 표현하고 있다.

오늘날에도 흠천감 뜰에는 여러 가지의 청동제 관측기기들이 놓여있다. 아래의 사진은 관상대 뜰에 놓인 명나라 때의 혼천의 복제품이다. 진품은 남경南京으로 옮겨져 있다고 한다. 우리나라가 새로 1만 원권을 제작하면서 뒷면에 혼천의를 사용한 것에 대해 중국인들이 격분한 계기가 되기도 했다.

위에서부터
사진 85-1, 2 관상대의 천문기기들
사진 85-3 혼천의

앙엽기 盎葉記

여러 명소를 구경한 기록

八十六
보국사 이야기

보국사報國寺는 오늘날 북경시 선무구 광안문 앞에 있다. 경내의 전체 면적은 1만 7,000㎡ 정도이다. 원래 보국사는 요나라 시대에 건축된 절이었으나 명나라 건국 초기에 파괴되었다. 이후 1466년(성화 2년)에 그 자리에 사찰이 중건되면서 자인사慈仁寺로 개명되었다. 이때에도 민간에서는 여전히 보국사라고 불렀다고 한다.

청나라 건륭제 시대인 1754년(건륭 19년) 보국사는 다시 보수, 확장되었는데 이때부터 보국자인사報國慈仁寺라고 개칭하게 되었다. 1900년에 의화단 운동이 시작되면서 보국사는 의화단이 점령했다. 이어 8국 연합군이 의화단을 공격하면서 보국사는 모두 불타고 말았다. 그후 이곳은 폐허로 남았으나, 1997년에 이르러 중국정부가 보국사를 새로 수리하여 보국사문화시장報國寺文化市場으로 개설했다. 이제 연암이 찾아갔을 무렵 보국사의 모습을 읽어본다.

《열하일기》 앙엽기 보국사

보국사는 선무문 밖에서 북쪽으로 1리쯤 있다. 법당은 세 채가 있고 행랑채가 빙 둘러 있으나 거처하는 승려는 얼마 되지 않는다. 매월 3일과 5일을 장날로 정했는데 국내의 온갖 물건들이 몰려든다. 모두가 북경과 변두리에서 몰려든 행상들로서 장터나 다름없다. 참선하는 절간 속이 버젓한 도회지처럼 되었다.

첫째 전각의 편액에는 '一塵不到(일진부도)'라 썼고, 셋째 전각 뒤에는 비로각毘盧閣이 있는데, 그 중간은 큰 길이 나 있어 점포가 쭉 늘어섰고 말과 수레들이 잡다하게 모여드니, 비단 장날만이 그런 것이 아니다. 비로각에 올라가 보니, 전각은 모두 서른다섯 칸이요, 가운데에는 문창성군文昌星君을 안치하고 좌우로는 불상과 신장들을 늘어놓았다. 맨 위층은 열다섯 칸인데 큰 금부처가 열한 좌나 있었다. 이 절은 명나라 성화成化 초년에 황태후의 명복을 빌기 위하여 창건하였는데, 한림학사 유정지가 비문을 짓고 왕객이 글씨를 썼다.

1997년 중국정부가 보국사터에 새로 보국사 문화시장을 개설한 이래, 이제 보국사는 불교사찰의 기능은 완전히 상실하고 경내는 주로 우표, 동전, 옛날 화폐, 골동품과 고서화 등을 판매하는 시장으로 변했다. 이곳을 알리는 팻말도 '문화시장文化市場'이라고 표시되어 있으며, 마당은 노점상들로 차 있고, 법당의 부속 건물들도 도자기나 청동으로 된 골동품 전문점들이 배치되어 있다. 연암이 보국사를 찾아갔을 무렵에도 이미 이곳 절집에 사는 승려는 몇 안 되고 북경 인근의 장

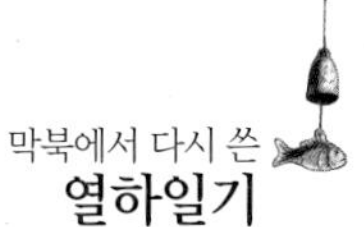

사꾼들만 북적거렸다고 했는데, 이제는 아예 상설시장으로 변한 것이다. 그럼에도 건물들은 모두 사찰의 외양을 하고 있으며 산문에는 아직까지도 보국사라는 이름을 쓰고 있다. 사진은 오늘날 보국사 산문의 모습이다.

아래의 사진은 보국사 대웅전 주변의 오늘날 모습이다. 법당에는 '中國民間收藏館(중국민간수장관)'이라는 팻말이 붙어 있고 내부에도 골동품점과 각종 장식용품을 판매하는 상점들이 입주해 있다. 오늘날 보국사 대웅전 앞뜰에는 벼룩시장이 들어섰고, 연암이 올라가 보았던 비로각은 없어진 지 오래다.

위에서부터
사진 86-1 보국사 산문
사진 86-2 보국사 대웅전
사진 86-3 보국사의 노점상

八十七
천녕사 이야기

천녕사天寧寺는 북경의 외성 서북쪽 광녕문 밖에 있다. 원래 천녕사는 북위北魏의 효문제孝文帝 시대에 광림사光林寺라는 이름으로 창건되었다고 전한다. 이후 수나라 때에는 홍업사弘業寺, 당나라 때에는 천왕사天王寺, 금나라 때에는 대만안사大萬安寺로 이어오다가 원나라 시대에 이르러 완전히 황폐해졌다. 이후 명나라 때에 천녕사로 중창하여 오늘에 전해지고 있다.

'천녕天寧'이라는 이름은 북송시대 휘종[16]의 생일인 10월 10일을 천녕절天寧節

16) **徽宗**. 중국 북송의 제8대 황제(재위 1100~1125). 문화재를 수집·보호하고 궁정서화가를 양성하여, 문화사상 선화시대(**宣和時代**)라는 시기를 만들어내었다. 금나라와 동맹하여 요나라를 협공하고 연운십육주(**燕雲十六州**)를 수복하려고 꾀하였으나, 오히려 금나라 군사의 진입을 초래해 국도 개봉이 함락되고, 북송이 멸망하는 계기가 되었다

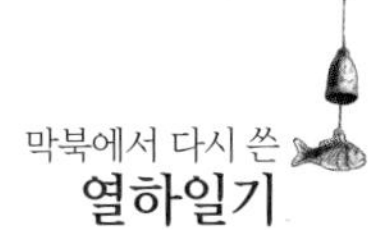

이라고 부른데서 기인한다고 한다. 1780년 연암이 천녕사를 찾았을 때는 천녕사 가람 전체가 한 차례 대규모로 중수된 지 25년이 지난 시점이었다.

《열하일기》 앙엽기 천녕사

보국사에서 천녕사로 왔다. 대로변에 2층의 축대를 쌓았는데 높이는 대여섯 길이나 됨직했다. 축대 위에는 행랑채들이 이어져 거의 몇 리나 되었다. 가운데는 큰 불전이 다섯 채 있다.

옛이야기에 수나라 문제가 아라한*을 만났는데 석가모니의 진신사리 한 주머니를 받았다. 그 즉시 칠보함에 넣어 기주岐州와 옹주雍州 등 서른 고을에 보내어 탑 한 개씩을 세워 간직하도록 했다. 지금 천녕사 탑도 그중의 하나라고 한다. 탑은 13층 팔각지붕으로 세웠다. 사방에 만여 개의 방울을 달아놓아 방울 울리는 소리가 끊어지지 않는다. 탑 꼭대기의 구리쇠 바퀴는 바람에 흔들리며 번쩍번쩍 빛을 반사해 사람의 옷자락에까지도 비친다.

* **阿羅漢**. 높은 경지에 이른 소승불교의 수행자

이제 천녕사에는 천년의 세월을 지켜온 천녕사탑의 위풍당당한 모습 외에는 별다른 유적이 존재하지 않지만, 연암이 다녀간 발자취는 그 어디에 남아있을 것만 같다. 사진은 천녕사 산문의 오늘날 모습이다.

오늘날에도 천녕사의 중심에는 높이 57.8m, 8각 13층의 전탑塼塔인 천녕사탑이 그대로 서 있다. 천녕사탑은 요나라 시대에 벽돌로 세운 전탑이며, 사각의 석판위에 금강역사, 보살, 용, 말, 코끼리 등 각종 동물이 새겨진 탑신을 세웠다. 탑의 기단부 감실에는 석가모니의 진신사리가 보존되어 있다고 전한다. 〈87-2, 3〉은 천녕사 사리탑이다.

위에서부터
사진 87-1 천녕사 산문
사진 87-2, 3 천녕사 사리탑

八十八
백운관 이야기

도교는 중국대륙의 토양에서 자생적으로 발전한 종교로서, 중국인에게는 가장 깊고 넓게 퍼진 종교이다. 도교의 초기 형태는 한나라 말기 농민봉기를 일으킨 장각張角의 태평도太平道에서 시작된다. 이후 도교는 무위無爲와 신선사상을 종교로서 체계화하여 정치적 압박을 받는 농민 등 하층민에게 정신적 귀의처가 되었고, 역대 왕조는 통치의 수단으로 활용함으로써 지속적으로 발전했다.

한편 도교는 원나라 때부터 중국 남방지역의 정일교正一教와, 중국 북방의 전진교全眞教에 뿌리를 둔 두 개의 교파 즉 '정일파'와 '전진파'로 이어오고 있다. 정일파는 민간 주술신앙을 폭넓게 수용하여 신선사상은 물론이고 주술과 부적까지도 인정하는 교파이다. 반면 전진파는 금나라 시대 왕중양王重陽에 의해 유교, 불교, 도교의 조화주의를 바탕으로 체계화되었으며, 불로불사不老不死나 주술과 같은 허황된 믿음을 배격하고 인간의 자기 수양을 강조한다. 정일파의 대표적 궁관은 북경의 동악묘이고, 전진파의 총본산이 북경의 백운관白雲觀이다.

《열하일기》 앙엽기 백운관

백운관의 둘레는 놀랍고 화려하여 천녕사에 뒤지지 않는다. 도사 백여 명이 거처하고 있다. 패루의 바깥 현판에는 '동천가경洞天佳境'이라 썼고, 안쪽 현판에는 '경림낭원璚林閬苑'이라 썼다.

무지개다리 셋을 건너 옥황전玉皇殿에 들어가니, 옥황상제는 면류관을 쓰고 황제의 복색을 갖추었다. 전각을 돌아가며 삼십삼천*의 신을 모셨는데 모두 홀을 잡고, 면류관을 쓰고 있는 것이 옥황상제나 다름이 없다.

도사들이 거처하는 행랑채가 천여 칸인데 밝고 깨끗하고 조용하여 티끌 한 점도 보이지 않았다. 쌓아 둔 서적들은 비단 두루마리 책에 옥으로 축을 만들어 집 안에 가득 찼고, 그릇들과 병풍이며 글씨나 그림들은 세상에서 드문 보물들이었다.

* 三十三天. 불교 교리에 의하면 세계의 중심에는 수미산이 있고 수미산 정상 도리천에는 제석(帝釋)이 있고 사방의 봉우리에 각각 8신(神)이 있어 33신이 있다고 함.

백운관은 오늘날 북경 서직문西直門 밖에 있는 도교 전진파의 총본산이다. 741년 당 현종이 직접 건립한 천장관天長觀이 그 전신에 해당하며, 요, 금, 원, 명나라왕조를 거치며 소실되고 재건되기를 반복했다. 청나라 때에 와서 구조전, 노율당, 옥황전, 사어전, 삼청각 등을 중심으로 재건했다. 연암이 이곳을 찾아갔

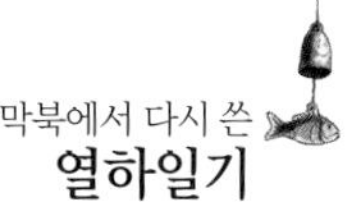

사진 88-1 백운관 입구의 패루

을 때는 이미 강희제 시대에 새로 지은 이후였으므로 화려한 전각이 둘러싸고 있을 때였다.

문화대혁명이 발발하자 이곳 백운관은 구악의 본거지로 지목되어 북경시에서 가장 심하게 피해를 입고 폐허로 방치되다시피 했다. 오늘날 백운관의 전각들은 대부분 그 후에 복원한 것이다. 중국도교협회와 중국도교학원도 이곳 백운관에 근거지를 두고 있다.

사진은 백운관 입구에 서 있는 패루의 오늘날 모습이다. 연암은 패루의 바깥쪽 편액에는 洞天佳境(동천가경)이라고 적혀 있다고 했으나, 지금은 洞天勝境(동천승경)이라고 적혀있다. 의미는 같으나 한 글자가 달라진 것이다.

다음의 사진은 백운관 산문의 오늘날 모습이다. 현판에는 '황제의 명령으로 세운 백운관'이라는 의미의 '칙건백운관勅建白雲館'이라고 씌여있다. 아래의 사진은 백운관 정문을 통과하면 나타나는 무지개다리, 즉 와풍교窩風橋의 오늘날 모습

위에서부터
사진 88-2 백운관 산문
사진 88-3 와풍교

이다. 연암은 세 개의 무지개다리를 지났다고 했는데 오늘날에는 한 개의 다리가 남아 있다.

〈88-4, 5〉는 백운관 옥황전과 그 안에 모셔놓은 옥황상제의 모습이다. 연암이 본 것처럼 옥황상제는 여전히 면류관을 쓰고 황제의 복색을 하고 있다. 〈88-6〉은 백운관의 정전인 노율당老律堂의 오늘날 모습이다. 〈88-7〉은 노율당 내에서 제사를 올리는 모습이다. 오늘날에도 백운관에서는 매일 일정한 시간에 도사들이 옷을 갖춰 입고 제사를 지내고 있다.

이제 백운관은 십방총림이라 불리는 수행도장으로서, 도사들에게는 신분증인 계첩戒牒을 전수하고 있다. 또 매년 1월 19일을 제일祭日로 정하고 성대한 의식을 거행한다. 백운관을 중심으로 하는 도교 전진파는 불교 선종禪宗의 영향을 받

사진 88-4, 5 옥황전과 옥황상제상

아 참선과 수행을 교리로 받아들였으며, 도사들에게는 결혼과 육식을 엄격하게 금하고 있다.

도사들은 상투와 같은 모양으로 머리를 틀어 올리며, 도복과 함께 '도건道巾'이라는 두건을 쓴다. 다리에는 흰색 각반을 차며, 검은 가죽신을 신는다. 일반 도사의 도복은 청색으로 된 통소매이며, 지위가 높은 도사는 붉은 도복을 입는다. 사진은 백운관에서 만난 청년 도사의 모습이다.

위에서부터
사진 88-6 노율당
사진 88-7 노율당에서 제사 지내는 도관
사진 88-8 백운관의 도사

八十九 화신묘 이야기

중국은 상고시대부터 불을 관할하는 화신火神을 숭배했는데, 도교가 발전하면서 여러 신의 하나로 포함되었다. 화신묘火神廟는 화신을 모시는 사당으로서 중국 전역에 산재해 있으며 도교 전진파의 본산인 백운관 산하의 신당으로 설립되었다. 도교 사당으로서의 화신묘의 정식 명칭은 화덕진군묘火德眞君廟이다.

화신묘 중에서 가장 역사가 오래되고 규모가 큰 곳이 북경 십찰해什刹海의 화신묘이다. 이곳은 원나라 초기인 1269년에 진무대제眞武大帝를 모시는 사당으로 건립되어, 명·청 시대에 한 차례씩 대대적으로 중건했으며 황실의 유일한 어용 도교사원 역할을 한 유서 깊은 장소다. 청나라 시대의 북경에는 30여 곳에 화신묘가 있었는데 연암이 찾아간 곳도 바로 이곳 십찰해의 화신묘이다.

화신묘는 청나라 말기까지도 황실에서 직접 관리하였으나, 신해혁명 이후 민국시대가 시작되면서 아무도 돌보지 않는 곳으로 방치되었다. 이후 신중국 건국 당시 인민해방군 초대소로 활용되면서 완전히 파괴되었다. 오늘날 북경의 화신묘는 중국도교협회가 자금을 모아 명골청의明骨清衣의 모습으로 2012년에 복원한 것이다. 《열하일기》를 읽어본다.

《열하일기》 앙엽기 백운관

화덕진군묘는 지안문 일중방日中坊에 있다. 원나라 시대에 처음 지었는데 명나라 만력* 연간에 증축하였다. 천계天啓 원년에 명령을 내려 매년 6월 22일에는 태상시의 관원으로 하여금 화덕신을 제사 지내도록 했다. 맨 앞의 전각은 융은隆恩이요, 뒤의 전각들은 만세萬歲·경령景靈·보성輔聖·필령弼靈·소령昭寧이라 하여 모두 여섯 개의 전각이 있다. 푸른 유리기와로 지붕을 이었으며, 섬돌의 계단도 모두 초록빛 유리벽돌을 깔았다. 전각 뒤 호수 가에 정자가 섰는데, 금빛 단청이 호수에 비쳐서 반짝거린다. 장하고 화려하기는 약왕묘와 비슷하지만 경치는 그보다 나을 것 같다.

* 1573년~1615년

다음 사진은 화신묘의 정문이다. 현판에는 '황제의 명령으로 세운 화덕진군묘'라는 의미의 '칙건화덕진군묘勅建火德眞君廟'라고 씌여 있다. 〈89-2, 3〉은 화신묘의 정전인 진무전眞武殿과 진무전에 봉안된 진무대제眞武大帝 소상의 모습이다. 진무대제는 청룡, 백호, 주작과 함께 도교의 호법신의 하나이며 현무라고도 알려진 북방을 담당하는 신이다. 〈89-4, 5〉은 형혹보전熒惑寶殿과 형혹보전에

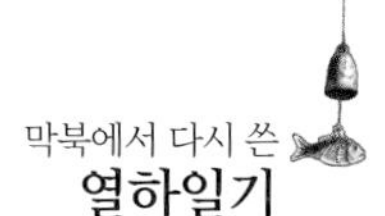

안치된 화덕진군의 소상이다.

사진 89-1 화신묘 정문

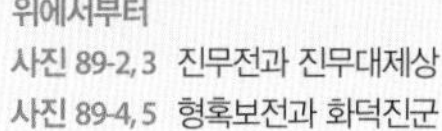

위에서부터
사진 89-2, 3 진무전과 진무대제상
사진 89-4, 5 형혹보전과 화덕진군

九十
융복사 이야기

융복사隆福寺는 명나라 대종(代宗, 1450년 - 1457년) 때인 1457년에 창건되었으며, 1687년 청나라 옹정제 때에 라마교 사원으로 중건했다. 이후 융복사는 청나라 황실의 원찰 기능했으며, 호국사護國寺와는 동쪽과 서쪽에 나란히 서 있어서 융복사는 '동묘', 호국사는 '서묘'로 불렸다.

한편 융복사에는 대묘회大廟會가 열렸다. '묘회'는 원래 도교나 불교 사원에서 정해진 날짜에 열리는 종교행사나 축제를 의미했다. 이때 많은 군중이 모여드는 기회를 이용해 장사꾼들에게 점포를 펼치도록 허용했는데, 점차 종교의식과는 무관하게 물건을 매매하고 구경하는 일이 주를 이루는 정기시장으로 변모하면서 묘회의 의미도 '사찰 근처에서 열리는 노점시장'을 의미하게 되었다.

융복사에서 묘회가 열리는 날에는 조정의 고관대작과 외국인이나 장사치에 이르기까지 많은 사람이 몰려들어 인산인해를 이루었다. 당시 융복사 묘회에는 서화와 골동품, 서적이 많이 나왔는데, 유리창이 상설시장이라면 융복사는 일정한 날짜에 열리는 정기시장이었다. 묘회에서는 각양각색의 특산물과 음식을 먹을 수 있었고, 민간 경극 공연도 볼 수 있었다.

융복사 묘회를 구경하러 간 조선의 선비들은 사농공상의 엄격한 신분질서에 몰입해 있었기 때문에 시장에 나가서 직접 돈을 만지고 물건을 고르고 흥정하는 일을 천박한 행동으로 생각했다. 그렇다면 연암은 신천지 북경의 융복사에서 무엇을 보았을까?

《열하일기》 앙엽기 융복사

융복사의 장날은 1일과 3일이다. 의주 상인 경찬鏡贊과 동행했는데 이날이 바로 장날이다. 수레와 말들이 복잡하여 절간 마당에서 그를 잃어버리고 할 수 없이 혼자서 다니며 구경했다.

공경과 사대부들의 수레와 말이 연이어 도착해 손수 물건을 골라잡아 사곤 한다. 온갖 물건이 뜰에 가득 차고, 진주, 옥 등 보물들이 이리저리 발길에 채다시피 구르고 있어 사람들의 발길을 조심하게 하고 눈은 어리둥절하게 한다. 섬돌의 계단이며 옥돌 난간에 걸어 둔 것은 모두 용봉 무늬를 놓은 담요와 모직들이며 담장에는 유명한 그림들을 둘러싸 놓았다. 군데군데에는 장막을 하고 북과 징을 치면서 재주를 부리고 요술을 보여주며 돈을 받는 사람들이 있다.

지난해 이덕무가 이 절을 유람할 때는 내각학사內閣學士

숭귀崇貴를 만났는데, 손수 여우 털옷을 골라 깃을 헤쳐보고, 입으로 털을 불어보고, 몸에 대고 치수를 맞추어 보는 한편 손수 은자를 끄집어내어 사는 것을 보고 깜짝 놀랐다는 말을 들었다. 숭귀는 만주인으로 지난해에 칙명을 받들어 우리나라에 왔던 자이다. 그의 벼슬은 예부시랑禮部侍郎이요, 몽고부도통蒙古副都統이다.

우리나라에서는 가난한 선비들로서 비록 부리는 하인 한 명 없는 집안일지라도 아직 자기 발로 장터에 나가 막 굴러먹는 장사치들을 상대로 물건을 흥정하는 것은 좀스럽고 더러운 일로 치는 터이니, 이런 광경이 우리나라 사람들을 깜짝 놀라게 하는 것은 당연한 일이다. 그러나 이제 내가 돌아다니면서 본 흥정꾼들은 모두 강소성의 명사들이며, 구경하러 온 사람들은 대체로 한림원의 서생 같은 사람들이 많았다. 그들이 찾는 물건은 대개 골동품 그릇이나 새로 발간된 서적, 유명인의 글씨와 그림, 관복, 염주, 향주머니, 안경 등이다.

이런 것들은 함부로 남에게 대신 시켜 사게 하느니 직접 자기 손으로 유쾌하게 골라야 하는 것들이다. 자신들이 마음대로 물건을 선택하면서 오가는 것이 역시 그들의 소박하고 솔직한 면모를 볼 수 있다. 이래서 중국 사람은 저마다 물건을 감상할 줄 안다는 것을 알 수 있었다.

융복사가 있던 자리는 청나라 시대에는 북경에서 가장 번화한 곳이었다. 그러나 지금은 이곳에서 그 옛날 유적은 찾아볼 수 없고 묘회도 없어졌다. 문화대혁명을 거치며 융복사는 완전히 파괴되어 폐허로 변하고 말았던 것이다. 그 후 융복사의 옛터에는 1980년대에 융복대하隆福大厦라는 이름의 백화점 건물이 들어섰고, 다시 그 앞에 융복광장隆福廣場이라는 이름의 쇼핑몰이 생겼다.

융복광장에는 호텔, 쇼핑센터, 영화관이 입점했고, 그 골목 부근에는 경극공연장, 옷가게, 노점상 등이 빼곡히 들어섰다. 마치 그 옛날 융복사 앞마당을 점거

사진 90-1 융복사 패루와 융복광장

하던 온갖 상인들의 후예들이 오늘날의 융복광장에 다시 환생한 모습이다. 그러나 1980년대에 지은 융복대하는 이후 파산하여 오랫동안 문을 닫고 있다가 최근에 리모델링 중이다.

사진은 융복사의 산문 자리에 세워진 융복사 패루와 융복광장의 오늘날 모습이다. 다음의 사진은 융복광장을 지나면 곧바로 붙어 있는 융복대하의 옥상에 세워진 대융복사의 모습을 지상에서 촬영한 사진이다. 인근 상가에 물어보니 대융복사는 융복대하 건축 당시 건물의 옥상에 그 옛날 융복사의 명성을 기반으로 창건했다고 한다. 그후 대융복사에 한 차례 화재가 발생해 사찰 일부가 훼손되고 나서부터는 사찰은 방치된 상태라고 했다. 예나 지금이나 융복사는 불교사찰로서 기능할 수 없는 운명인 것 같다.

〈90-4〉는 융복대하의 정문 모습이다. 육중한 셔터문은 닫혀 있었다. 융복대하에 입주한 백화점이 파산하고 건물 내부는 수리 중이었기 때문이다. 현판은 중

국공산당의 원로 보이보薄一波의 글씨다. 그는 대련시와 중경시의 당서기를 지내며 두각을 나타내 중국의 가장 유망한 차세대 주자이던 보시라이薄熙來의 아버지이다.

내가 이 현판을 촬영한 시각은 2013년 9월 22일 오후 늦은 시간이었다. 마침 그날 오후, 보시라이가 제남시 중급인민법원에서 부패혐의로 무기징역과 종신자격정지형에 처해졌다는 소식이 전해졌다. 보시라이의 재판결과를 듣고 나의 중국인 안내자는 불공정한 재판이라며 분노했다. 융복대하 현판 보이보의 글씨를 카메라에 담으며 권력의 허망함을 다시 느낀다.

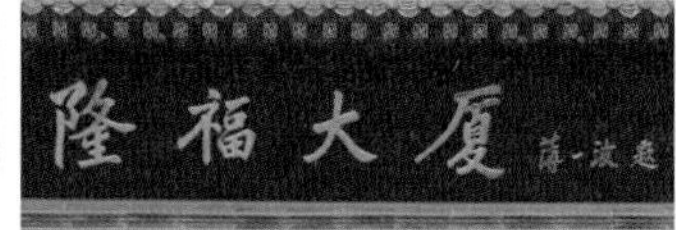

위에서부터
사진 90-2, 3 대융복사와 현판
사진 90-4, 5 융복대하 정문과 현판

九十一 진각사 이야기

진각사眞覺寺는 오늘날 북경 서직문 밖에 위치한다. 명나라 영락제 시대인 1413년 인도승려 반디다班迪達가 북경에 도착하여 황제에게 금불상과 인도식 불타가야탑 도안을 바쳤다. 이에 영락제는 바로 탑의 건립을 지시했고, 1473년에 비로소 금강보좌탑이 건립되어 진각사로 개창했다.

1761년에는 청나라 건륭제에 의하여 대대적인 보수공사를 거쳐 라마교 사원인 대정각사大正覺寺로 바뀌었다. 그러나 다섯 개의 탑이 솟아 있는 금강보좌탑의 모양 때문에 오늘날까지도 세간에서는 오탑사五塔寺로 부르고 있다. 한편 1900년 의화단 운동의 여파로 북경에 진입한 8국 연합군에 의해 진각사의 법당 건물들은 소실되었으나 금강보좌탑은 다행히 보존되어 오늘날에 이르고 있다.

금강보좌탑은 보좌와 석탑으로 구분되며, 사전에 균일하게 제작된 1000개의 돌과 벽돌을 정밀하게 쌓아서 만들었다. 탑신의 내부에 벽돌을 쌓고 외부는 모두 돌을 사용했는데, 정사각형의 기단 위에 다섯 개의 탑을 올렸다. 기단과 탑신들에는 불상과 사자, 코끼리 조각을 했다. 다섯 개의 탑 중앙에 13층의 탑이 있고, 나머지 네 모퉁이에 11층의 탑들이 서 있다. 오늘날 진각사에는 북경의 여러 곳에 흩어져 있던 각종 비석과 조각품들을 모아 전시하는 북경석각예술박물관이 들어서 있다.

연암이 진각사를 찾았을 때는 건륭제에 의해 대대적으로 보수가 되어 라마교 사원으로 변한 지 얼마 되지 않은 때였다. 그래서 티벳의 승려가 거처하는 일을 몹시 놀라운 사건으로 묘사하고 있다. 소중화를 자처하는 조선의 선비에게는 오랑캐에 불과한 티벳의 승려를 황제가 높이 받드는 현실을 이해하는데 논리가 필요했다.

《열하일기》 앙엽기 진각사

진각사는 오탑사五塔寺 또는 정각사라고도 부른다. 탑은 높이가 열 길이나 되는데, 금강보좌金剛寶座라고 부른다. 그 안으로 들어가 캄캄한 속에 나선형 다리를 따라 꼭대기까지 올라가니, 위에는 평평한 대가 되고 그 위에 또 오각형의 작은 탑을 두었다.

세상에서는 '명나라의 헌종憲宗 황제가 살아 있을 때에 의관을 보관해 두었던 곳이다'라고 하거나, '이 절은 몽골 사람들이 지은 것이다'라고도 한다. 또 어떤 이는 '명나라 성조成祖 황제 때 티벳의 판적달板的達이 금부처 다섯 개를 바치므로 이 절을 지어 그 금부처를 모셔 놓았다'라고도 한다.

> 이번에 우리나라 사람들은 황금 지붕 속에 앉아 있는 티벳의 중들을 보고 마음속으로 크게 놀라지만 중국은 대대로 떠받들어왔다. 그래서 세상 사람들은 이곳을 두고 천자가 소일 삼아 쉬거나 조상의 명복을 비는 곳이라 인정하므로, 사치롭게 꾸몄더라도 신하들은 감히 지적하지 못하고 넘어가는 것이다.

다음 사진은 진각사 산문의 모습이다.

〈91-2〉는 2014년 6월 초 진각사 산문 입구에서 금강보좌탑을 촬영한 사진이다. 산문 입구를 지키고 있는 경비원이 탑신을 보수 중이라며 극구 들어갈 수 없다고 하는 바람에 산문 입구에서 망원렌즈로 촬영할 수밖에 없었다. 앞에 서 있는 큰 은행나무에 가려서 안타깝게도 금강보좌탑이 제대로 보이지 않았다.

〈91-3〉은 겨울이 되어 나뭇잎이 떨어진 다음에 촬영한 진각사 금강보좌탑의 모습이다. 높은 기단 위에 서 있는 탑이 잘 드러나 있다. 양쪽 두 개의 탑 뒤로 다시 두 개의 탑이 있으며 모두 11층이다. 중앙에는 더욱 높은 13층 구조의 탑이 보인다.

위에서부터
사진 91-1 진각사 산문
사진 91-2 은행나무에 가려진 진각사 금강보좌탑
사진 91-3 겨울날의 진각사 금강보좌탑

九十二 천주당 이야기

18세기 후반 북경에 도착한 조선의 선비 중에서 서양문물에 관심이 있던 이들은 천주교 성당을 찾아갔다. 특히 북경의 남쪽인 선무문 부근의 남천주당, 즉 남당南堂을 주로 찾아갔다. 이곳은 사신들의 숙소인 옥하관이나 남관에서 가까웠기 때문이었다. 연암이 《열하일기》에서 '천주당'이라고 부른 곳도 이곳 남천주당이었다.

중국 천주교회의 역사는 1601년 5월 마테오 리치(Matteo Ricci, 利瑪竇)가 명나라 황제 만력제의 허가를 받아 북경에 거주하면서 천주교 선교활동을 한 것에서 시작된다. 1605년경에는 이미 중국의 가톨릭 신자가 1,000여 명에 이르렀다. 그 뒤 많은 예수회 선교사들은 중국에서 선교를 하기 위해서는, 한자를 익히고

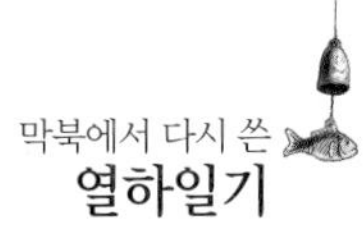

고전을 읽어 중국문화를 이해해야 한다는 것을 깨달았다. 그에 더해 천주교 신앙을 보다 효과적으로 선교하기 위해 서양문명을 알려 주는 서적을 한문으로 번역, 저술하기 시작했다.

마테오 리치는 《천주실의天主實義》를 비롯해 20여 종의 저술과 '만국여도萬國輿圖'라는 세계지도도 작성했다. 1601년부터 1775년까지 약 170년 동안 예수회 선교사들은 중국에서 약 500여 종의 서양문화에 관한 서책을 편찬했다. 또 그들은 서양에서 가져온 시계, 망원경, 지구의와 같은 천문관측기구나 각종의 무기, 수리, 지도제작기술 등의 기술을 소개하여 중국사회에 놀라운 변화를 일으켰다.

북경을 오가던 조선의 사신들을 통해 우리나라에서도 이들의 영향을 받기 시작했다. 그 첫 인연이 이곳 남천주당에서 맺어진다. 1644년 청나라에 의해 인질로서 북경까지 왔던 소현세자는 당시 선무문 밖 천주당 즉 남천주당에서 선교하던 독일인 신부 아담 샬(Adam Schall)과 친교를 맺으며 천주교 교리와 천문, 역법에 관한 대화를 나누었다. 이후 소현세자는 조선으로 귀국할 때 아담 샬로부터 서양문물과 한문으로 번역한 서양의 서적을 받아왔다.

소현세자 이전에도 이미 1630년(인조 8년) 명나라에 사신으로 북경에 온 정두원이 로드리케즈(Rodriquez, J)와 만나 천문과 지리에 관한 서적과 홍이포紅夷砲(대포), 천리경千里鏡(망원경), 자명종 등 다수의 서양 문물을 받아서 귀국한 바 있었다.

청 제국이 공고해진 이후부터 조선의 사신들은 북경에서 머무르는 동안에 동서남북 네 곳의 천주당과 천문과 역산을 주관하는 기관인 흠천감을 방문했다. 서양의 선교사들과 필담으로 의견을 교환하고, 서양문물을 돌아보고, 그들로부터 한역 서학서와 서양 과학기술을 얻어 귀국하는 일도 많아졌다. 이 과정에서 조선의 선비들과 천주교를 포함한 서양학문과의 접촉이 이루어졌다.

초기의 조선 선비들은 서양의 역법을 도입하려고 심혈을 기울였다. 1644년 관상감제조로 있던 김육金堉이 북경에 사신으로 갔을 때 아담 샬로부터 시헌력時憲曆의 우수성을 전달받아 조선에서도 서양 역법을 토대로 한 시헌력을 채용하게 한 바 있다.

그후 1세기에 걸쳐 조선사회에 도입된 한역 서학서와 서양 과학기술문물은 많은 지식인들 사이에서 학문적인 관심대상으로 주목받았다. 선비들은 단순한 호기심에서 또는 학문적 욕구로 한역 서학서를 열독하였고 서양의 문물을 이해하기에 힘썼다. 이들은 천주교의 천주天主를 유교적 전통사회에서의 상제上帝와 같은 것이라고 인식하면서, 천주교의 천당, 지옥설과 신부들의 불혼취제[17]를 배격하며 천주교를 혹세의 이교라고 단정하기도 했다.

연암 역시 《열하일기》 곳곳에서 '진정 백성을 위해 유익하고 국가에 도움이 된다면 서양 오랑캐의 소산이라 해도 받아들여야 할 것'이라면서, 청나라와 서양의 기술문명을 적극적으로 수용해야 한다고 역설했지만, 서학의 일부인 천주교는 독소가 강한 것이라고 인식했다. 연암이 남천주당으로 찾아간 것도 천주교에 대해 알아보려는 것이 아니라 풍금을 구경하러 간 것이었다. 그가 천주교에 대해 설명한 내용을 읽어본다.

황도기략 풍금
《열하일기》

내가 중국에 들어온 이래로 풍금을 만드는 방식에 대해 항상 마음속에 잊지 않고 있었다. 이미 열하에서 북경으로 돌아온 즉시 선무문 안 천주당을 찾아갔다. 동쪽으로 바라보면 지붕의 머리가 종처럼 생겨 민가 위로 우뚝 솟아 보이는 것이 곧 천주당이다. 황성 안 사방에 하나씩 천주당이 있는데 이곳은 서편의 천주당이다.

17) 不婚娶制, 평생 독신으로 수도하는 제도

천주라는 말은 고대 중국의 전설에 나오는 천황씨*나 반고씨**라고 부르는 것과 같다. 다만 서양 사람들은 달력을 잘 만들며 자기 나라의 방식으로 집을 지어 사는데, 그들의 학설은 거짓을 버리고 성실을 귀하게 여겨 하느님을 밝게 섬기는 것을 으뜸으로 삼으며, 충효와 자애를 의무로 삼고, 허물을 고치고 선을 행하며, 사람이 죽고 사는 큰일에 준비를 갖추어 걱정을 없애는 것을 궁극의 목적으로 삼고 있다.

저들로서는 근본되는 학문의 이치를 찾았다고 자칭하고 있으나 뜻이 너무 높고 이론이 교묘한 데로 쏠리어 도리어 하늘을 빙자하여 사람을 속이는 죄를 범하여 제 자신이 의리를 배반하고 인륜을 해치는 구렁으로 빠지고 있는 것을 모르고 있다.

* **天皇氏**. 중국 고대 전설상의 제왕
** **盤古氏**. 중국 전설에 나오는 최초의 임금

한편 연암이 북경을 유람한 지 3년 후인 1783년 12월에 동지사로 북경에 도착한 조선의 사행단 중에는 최초로 세례를 받은 조선인이 있었다. 그가 바로 이승훈李承薰이다. 이승훈은 서장관 이동욱의 아들로서 자제군관 자격으로 수행했다. 1784년 2월 이승훈은 이곳 남천주당의 신부 그라몽(Louis de Grammont)에게서 베드로라는 세례명으로 영세를 받았다.

조선의 선비들과 인연이 깊은 남천주당은 북경에 있던 4개의 성당 가운데 가장 먼저 세워진 유서 깊은 곳이다. 1601년 명나라 신종 만력제의 허락을 받은 예수회 선교사 마테오 리치가 북경에서 선교를 시작하면서 자신의 주거지인 이곳에 작은 규모의 천주당을 건립한 것이 남천주당이다. 1610년 마테오 리치가 사망하자 남천주당은 폐쇄되었다가 1629년 천문역법에 정통한 아담 샬이 거주하면서 천주교 선교도 재개되었다.

사진 92-1 남천주당 정문

이후 1652년 아담 샬은 청나라 정부로부터 하사받은 토지와 천주교 신자들의 헌금으로 남천주당을 중건했다. 사진은 남천주당의 정문이다. 현판은 북경교구 선무문천주당이라고 표시되어 있으며 정문의 왼편에는 마테오리치의 청동상이 서 있고, 오른쪽에는 선교사 자비에르의 청동상이 세워져 있다.

정문을 통해 안으로 들어가면 성모마리아의 대리석상이 있고 그 안으로 대성당 건물이 서 있다. 대성당 건물은 아치형의 로마네스크 양식이다.

다음 사진은 남천주당 대성당의 모습이다. 연암은 남천주당 정면의 모습을 보고 "지붕의 머리가 종을 엎어놓은 것처럼 보인다. 높이는 일곱 길이고 넓이는 무려 수백 칸인데 흡사 쇠로 주조하고 흙으로 구워놓은 것 같다"고 묘사했다. 정면에 무성한 나무가 있으며 역광이어서 정면을 촬영하기 힘든 구도였다.

15년 앞서 북경을 다녀온 담헌 홍대용은 남천주당에서 본 파이프오르간에 대해 연암에게 자세히 설명했다. 연암 박지원이 남천주당에 찾아간 것도 그곳에 있던 풍금을 살펴보기 위한 것이었지만, 이미 11년 전인 1769년 남천주당이 화재

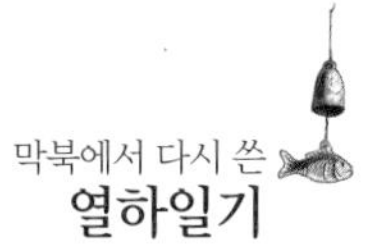

사진 92-2 남천주당 대성당문

로 소실되어 이듬해에 중건되는 바람에 풍금은 남아있지 않았다. 연암은 풍금을 볼 수 없어 매우 실망했다.

화재 이후 중건된 남당의 담장과 천장 등에는 여러 가지 성화들이 새로 그려졌다. 그래서 연암이 남당에 이르렀을 때에는 성모 마리아와 아기 예수, 천사들을 그린 화려한 성화들이 성당의 천장에 선명하게 남아있었다. 이에 그는 남천주당 내부의 그림들을 감상하고 '양화洋畵'라는 제목으로 별도의 글을 남겼다.

지금 천주당 안의 벽과 천장에 그려놓은 구름과 사람들의 모습은 보통 생각으로는 그려낼 수 없고 보통의 언어와 문자로도 설명할 수 없다. 가까이 가서 살펴보니 성긴 먹이 허술하고 거칠게 묻었고, 이목구비의 간격과 수염, 살결, 힘줄 등의 사이를 희미하게 선을 그어 갈랐다. 털끝만 한 것도 바로 잡아서 숨을 쉬고 꿈틀거리는 듯하다. 음양의 향배가 어울려 밝은 곳과 어두운 곳이 잘 드러나 있기 때문이다.

그림 속에는 한 여자가 무릎에 대여섯 살 된 어린애를 앉혀 두었다. 어린애는 병든 얼굴로 빤히 쳐다보는데, 그 여자는 고개를 돌리고 차마 바로 보지 못하고 있다. 옆에서 시중드는 대여섯 명이 병든 아이를 굽어보고 있는데 참혹해서 머리를 돌리는 자도 있다.

새의 날개가 붙은 귀신 모양의 수레는 박쥐가 땅에 떨어진 듯하다. 한 장사가 발로 새의 배를 밟고 손에 든 무쇠 방망이로 새의 머리를 짓이기고 있다. 또 머리와 몸은 사람이면서 새의 날개를 달고 있는 자도 있고, 기괴망측하여 도대체 분간되지 않는다. 좌우 바람벽 위에는 구름이 덩이덩이 쌓여 한여름 대낮 풍경 같기도 하고, 비가 갓 갠 바다 위 같기도 하고, 산골에 날이 새는 듯하기도 하다. 구름이 뭉게뭉게 피어오르는 모습은 마치 수많은 꽃봉오리가 햇살에 비치어 무지개가 뜨는 모습과도 같다.

천장을 올려다보니 수많은 어린아이가 오색구름 속에서 뛰노는데, 허공에 주렁주렁 매달려 있는 것이 살결은 만지면 따뜻할 듯하고 팔목과 종아리 살이 포동포동하다. 갑자기 구경하던 사람들은 눈이 휘둥그레지도록 놀라 손을 벌리고 떨어지면 받을 듯이 고개를 젖혔다.

연암이 남천주당을 찾아갔을 때에는 이미 파이프오르간은 소실되었지만, 천주교 교리를 담은 휘황찬란한 벽화가 남아있었다. 세월이 흘러 1900년에 일어난 의화단 운동으로 남천주당은 완전히 파괴되었다가 1904년에 중건되었다. 오늘날의 남당은 1904년에 재건된 건물이다. 오색구름에서 뛰어놀면서 허공에서 주렁주렁 매달려 내려오는 듯한 천사를 그린 벽화도 이제는 없어지고 말았다.

사진은 오늘날 남천주당의 내부의 모습이다. 이곳은 오늘날까지도 여전히 가장 많은 외국인이 미사를 보는 성당으로 남아 있다.

사진 92-3 남천주당 대성당의 내부

九十三 마테오 리치의 묘 이야기

마테오 리치는 1552년 10월 6일 이탈리아 중부 교황령 마체라타에서 태어났다. 그는 고향의 예수회 학교를 거쳐 로마에서 법학을 공부한 뒤 1571년부터 1577년까지 예수회 신학교에서 공부했다. 그곳에서 그는 철학, 신학, 수학, 천문학, 역법을 비롯해 시계와 지구의 천체관측기구 제작법도 배웠다.

신학교를 졸업한 마테오 리치는 인도와 마카오를 거쳐 1583년 9월 명나라의 영토인 광동성에 상륙했다. 그곳에서 그는 6년간 중국어와 중국의 문화와 풍속을 익히는 데 전념했으며 '리치'를 중국어 '利'로, '마테오'를 중국어 '瑪竇'로 표기한 '리마더우(利瑪竇, lìmǎdòu)'라는 중국 이름을 사용하기도 했다.

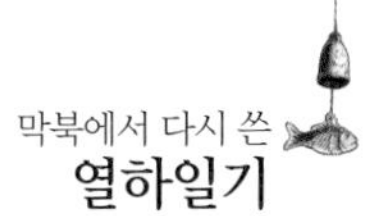

사진 93-1 마테오 리치의 초상

이후 1601년 5월 마테오 리치는 명나라 정부로부터 북경 거주 허가를 받고 거처와 생활비를 받게 되었다. 당시 마테오 리치가 바친 자명종을 비롯한 진상품이 명나라 황제 만력제의 마음을 사로잡았고, 고관들은 과학기술 전문가로서의 활용 가치를 평가했기 때문이었다. 마테오 리치는 만력제의 환대를 배경으로 북경에서 점차 천주교인을 늘려갔다.

또한 마테오 리치는 중국에서 서양의 학문을 소개하는 서적도 출판하며 서양학문을 소개하는 데 심혈을 기울였다. 1603년 천주교 교리를 설명한 《천주실의》를 편찬했고, 1607년에는 유클리드의 《기하원본》을 번역 출간했다. 또 세계지도인 '곤여만국전도'를 제작해 중국이 세계의 중심인 줄 알았던 중국인의 세계관에 일대 충격을 가했다.

마테오 리치가 명나라 북경에서 사귄 중국인 중 가장 친밀했던 인물은 세례교인이기도 한 서광계徐光啓였다. 그는 마테오 리치로부터 천문, 역법, 지리, 수학, 측량학을 배웠고 마테오 리치와 함께 유클리드 기하학 번역서인 《기하원본》을 펴냈다. 마테오 리치는 당시 먼 나라에서 온 외국인이면서도 중국어와 유교를 깊이 이해하고 유교의 경전을 자유롭게 인용하는 식견이 있었기 때문에 중국인들은 그를 '유학자'처럼 받아들였다. 그뿐만 아니라 그는 천문학, 역법, 수학 등 서양의 과학과 기술을 전파했고 그가 전한 심오한 지식은 많은 중국의 지식인들을 놀라게 했다.

한편 조선의 천주교회 성립에도 큰 영향을 미친 《천주실의》는 가톨릭 교리 및 중세철학과 유교, 불교, 도교를 비교함으로써 동서 사상교류사에서 중요한 문헌으로 자리 잡았다. 그는 하느님, 즉 천주를 유교의 상제上帝 개념으로 설명했다. 즉 유교와 가톨릭이 본질에서 다르지 않다는 것을 설명하였고, 공자 숭배와 조상 숭배도 용인할 수 있다고 보았다.

그러나 마테오 리치가 세상을 떠난 후 이른바 전례典禮문제가 일어났다. 예수회보다 뒤늦게 중국 선교에 나선 도미니크회와 프란체스코회가 우상숭배를 용인한다며 예수회를 비난한 것이다. 오랜 논쟁과 갈등 끝에 청나라 건륭제 시대인 1742년 교황 베네딕토 14세가 반포한 교서에 따라 예수회의 방식은 금지되었다.

1610년 5월 11일 마테오 리치는 사망했다. 그의 묘지는 만력제의 명으로 부성문阜城門 밖에 조성되었다. 오늘날 그의 묘지는 중국공산당 북경시위원회 당교黨校와 북경행정학원의 구내에 있다.

연암은 북경에서 마테오 리치의 묘를 찾아간 이유는 밝히지 않고 있다. 서양문물에도 관심을 두고 있어서 남천주당을 찾아가서 서양 사람을 만나보고자 했던 연암이니만큼, 같은 이유로 선교사로서 일생을 마친 마테오 리치의 묘를 둘러보려 했으리라 짐작할 뿐이다.

《열하일기》 앙엽기 이마두총

부성문阜成門을 나와서 몇 리를 가니 길 왼편으로는 돌기둥 사오십 개를 쭉 늘여 세우고, 위에는 한창 익은 포도 넝쿨이 매달려있다. 돌로 만든 패루 세 칸이 있고, 좌우에는 돌로 조각한 석사자가 웅크리고 마주 앉았다. 그 안에는 높은 전각이 있는데 지키는 사람에게 물어보고 비로소 이마두의 무덤인 줄을 알았다. 동서 양쪽에는 서양 선교사들의 무덤이 70여 기나 되었다. 무덤 둘레는 네모로 담장을 쌓아 바둑판처럼 되었는데, 거의 3리나 되니, 그 안은 모두 서양 선교사들의 무덤이었다.

명나라 만력황제가 이마두의 장지를 하사했다. 무덤의 높이는 두어 길이나 되고 시루 모양으로 만들어 벽돌로 쌓았는데 마치 다 피지 못한 커다란 버섯처럼 생겼다. 무덤 뒤에는 벽돌로 높다랗게 쌓은 육각의 집이 섰다. 삼면으로는 무지개문을 달았고 안에는 텅 비어 아무것도 없었다.

비석에는 야소회사이공지묘耶蘇會士利公之墓라 쓰고 왼편 옆에는 작은 글씨로, '이 선생의 이름은 마두다. 대서양 이탈리아 사람으로서 어릴 때부터 참다운 수양을 하였다. 명나라 만력 신사년에 배를 타고 중화에 들어와 종교를 널리 펴고 만력 경자년에 북경에 와서 만력 경술년에 죽으니, 향년 쉰다섯 해에 교회에 있는 지는 마흔두 해이다' 라고 쓰고, 오른쪽에는 또 서양 글자로 새겼다.

비석 좌우에는 아름답게 조각한 돌기둥을 세우고, 양각으로 구름과 용의 무늬를 새겼다. 비석 앞에는 또 벽돌집이 있는데, 지붕은 평평하여 돈대와 같았다. 그 앞에 구름과 용의 무늬를 새긴 화표를 세웠다. 제사 받드는 집이 있고, 또 돌로 만든 패루와 돌 사자가 있으니, 이는 탕약망의 비석이다.

오늘날 마테오 리치의 무덤은 중국공산당 북경시위원회 당교의 구내의 정원에 있다. 수목이 울창한 정원의 한쪽에 다시 담으로 둘러싼 묘역이 두 곳으로 나뉘어 있는데 문화대혁명을 거치며 묘지가 훼손되고 비석이 파괴되어 한곳으로 몰아 조성했다.

다음 사진은 마테오 리치의 무덤의 정문이다. 공산당 당교의 정원 한 켠에 위치한 무덤은 비교적 잘 정돈되어 있다. 연암이 마테오 리치의 무덤을 찾아갔을 때는 '돌로 만든 패루 세 칸이 있고, 좌우에는 돌로 조각한 석사자가 웅크리고 마주 앉았다'고 했는데 흩어졌던 비석들을 모아놓고 비석 뒤에는 시멘트로 덮은 작은 무덤 하나를 만들어 놓았다. 마테오 리치의 무덤 오른쪽에는 소현세자와 여러

사진 93-2 마테오 리치 묘의 정문

차례 만났던 아담 샬의 무덤과 비석도 서 있다.

다음 사진은 마테오 리치의 무덤에 서 있는 묘비의 모습이다. 묘비에는 연암이 보았던 그대로 '耶蘇會士利公之墓(야소회사이공지묘)'라는 묘지명의 글씨가 선명하다.

마테오 리치 무덤의 오른쪽에는 별도의 서양 선교사 무덤이 조성되어 있다. 이곳에는 의화단운동과 문화대혁명을 거치면서 손상된 묘비들이 이곳에 옮겨져 있다. 연암은 서양 선교사들의 무덤이 모두 70여 기가 있다고 했으나 오늘날에는 모두 60여 개의 비석이 서 있다. 〈93-4〉은 마테오 리치 무덤의 동쪽에 인접해 조성된 서양 선교사 묘비들이다.

위에서부터
사진 93-3 마테오 리치 묘비
사진 93-4 서양 선교사들의 묘비

九十四
석조사 이야기

석조사는 원나라 말기에 건립된 남성대사南城大寺에서 유래한다. 이후 명나라 시대 경태(景泰, 1450-1457) 연간에 병부상서 우겸이 대대적으로 중창했다. 이후 청나라 초기인 순치제 시절에 많이 훼손되었으나 옹정제와 건륭제 시대에 재건하여 108칸의 사찰로 완성하였다.

석조사에는 산문과 대웅전, 대비전大悲殿, 방장원方丈院 등이 배치되어 있었다. 건륭제 시대에 대비전의 동서쪽 벽에는 고송도古松圖와 고송부古松賦가 있었던 것으로 유명하나 현재는 북경문물연구소에 옮겨져 있다. 원래 석조사 산문 앞에는 붉은색의 장엄한 영벽影壁이 조성되어 있었는데, 북경 서쪽의 향산으로 해가 지는 석양 무렵에는 산문 앞의 영벽에 석양이 비치는 모습이 유명하여 석조사

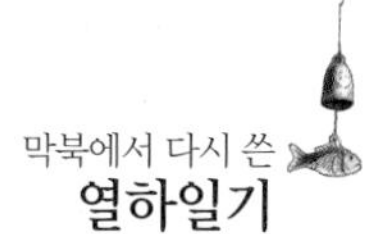

夕照寺라고 이름하였다고 전한다.

《열하일기》 석조사

석조사로 유세기兪世琦를 찾았다. 절은 그다지 크지 않았으나 정갈하고 그윽하여 티끌 한 점 움직이지 않았다. 이곳의 사찰 중에서 이렇게 맑은 곳은 처음 보았다.

절에는 승려는 하나도 거처하지 않았고, 복건성이나 절강성에서 수재들이 과거시험에 낙방하여 고향에 돌아갈 여비도 없어 이 절에 머물며 책을 베껴 쓰기도 하고, 판각도 새기고 있다. 지금 31명이 거주하고 있는데, 아침에 모두 남의 글을 대신 써주기 위해 나가서 아무도 없었다.

유세기는 본래 복건성 출신으로 금년 2월에 상처를 했다. 아들도 없이 네 살짜리 젖먹이 딸을 처가에 맡기고 자신은 하인과 함께 이 절에 붙어 있었다.

연암이 석조사에 찾아가서 만나려고 한 유세기는 북경에 도착한 다음 날인 8월 2일에 유리창의 육일루六一樓라는 술집에서 처음 만난 복건성 출신의 선비였다. 이후 건륭제의 명으로 열하에 다녀온 연암이 유세기가 묵고 있다고 알려준 석주사에 직접 그를 만나러 찾아간 것이다. 《열하일기》 피서록에는 '눈이 맑고 눈썹이 빼어난' 유세기를 만나서 필담한 기록이 자세히 수록되어 있다.

연암이 찾아갔던 석조사는 건륭제 시대에 복원된 직후였기 때문에 무척 깨끗하고 고요한 상태였다. 다만 그 당시에도 승려들이 거주하는 사찰이 아니라 중국 각지의 선비들이 거처하는 다소 독특한 형태의 사찰이었다. 그후 민국시대와 문화대혁명을 거치며 모두 파괴되었다가 최근에야 비로소 복원되었다. 다음 사진은 복원된 석조사 산문과 대웅전의 모습이다.

위에서부터
사진 94-1 석조사 산문
사진 94-2 석조사 대웅전

〈94-3〉은 복원된 석조사 대비전의 오늘날 모습이다. 현판에는 금대서원金臺書院이라 적혀 있어서 그 이름에 연암이 방문했던 그 옛적에는 선비들이 거처하던 흔적이 남아있다.

석조사를 방문한 연암은 '석조사 구내에 승려는 한 사람도 거처하지 않고, 전

국 각지에서 온 과거에 낙방한 선비들이 고향으로 갈 여비도 없이 이곳에 머물고 있는 장면을 적고 있다. 또한 사찰 구내가 단정하고 깨끗하여 티끌 하나 없다'고 적고 있다. 복원된 오늘날의 석조사도 마찬가지로 승려가 전혀 거처하지 않으며 아예 사람이 살지 않고 건물만 덩그러니 서 있었다.

그런데 석조사의 바로 왼쪽에는 금대석조회관金臺石照會館이라는 화려한 건물이 들어서 있다. 금대석조회관은 오늘날 중국의 최고급 사교클럽으로 널리 알려진 곳으로, 중국 최고의 부자와 권력자들이 '우아하고 화려한 밤 문화'를 누리는 품격있는 명소이다. 특히 금대석조회관은 1000년의 역사를 지닌 석조사를 중건하고 그 자리에 함께 들어와 있는 독특한 형태의 클럽으로서 선禪, 금琴, 옥玉, 차茶 문화를 함께 모아놓은 곳이다.

결국 오늘날에 복원된 석조사는 사찰 기능을 하기 위한 것이 아니라 최고급 사교클럽인 금대석조회관의 부속건물로서 그 역사성을 나타내기 위해 지어진 것에 불과한 것이다. 그래서 오늘날의 석조사에는 아예 사람의 흔적은 보이지 않는다. 연암이 찾아갔던 석조사나 오늘날 복원된 석조사의 운명은 매한가지인 것 같다. 아래 사진은 금대석조회관 입구의 모습이다.

(위)사진 94-3 금대서원
(아래)사진 94-4 금대석조회관 입구

九十五
약왕묘 이야기

약왕藥王은 원래 인도불교에서 중생의 병을 고쳐주는 '약사여래'가 중국의 민간신앙으로 발전한 것이다. 다만 중국의 약왕묘藥王廟에는 약사여래가 아니라, 편작扁鵲, 창공倉公 등 고금의 명의들이 봉안된 점이 다르다. 그 외에도 고대 중국에서 의약을 창조하고 발전시킨 신농씨神農氏 등이 함께 배향되고 있었다.

명나라와 청나라 시대 연경에는 민간의 무병장수를 기원하는 약왕묘가 많이 번성했는데, 천단 북쪽에 있던 약왕묘가 가장 규모가 컸던 것으로 전해진다. 연암도 천단 북쪽의 약왕묘를 둘러보고《열하일기》에 기록을 남겼다.

《열하일기》 앙엽기 약왕묘

천단의 북쪽에 약왕묘가 있다. 약왕묘는 명나라 시대에 무청후武清侯 이성명李誠銘이 건립한 것이다. 전각 중심에는 복희씨, 왼쪽에는 신농씨, 오른쪽에는 헌원씨의 소상이 자리하고 있다. 그 옆으로는 역대 명의를 배치해 놓았는데, 황제黃帝 시대의 기백, 정나라의 편작, 진나라의 갈홍과 왕숙화, 한나라의 순우의, 후한 때의 화타, 당나라의 위자장, 명나라 때의 손사막 등 이루 다 기록할 수조차 없을 만큼 많다.

약왕묘에서 배례하고 제사를 지내는 법도는 대체로 문묘에서와 같다. 매달 초하루와 보름에는 남녀들이 구름같이 모여들어 무병장수를 기도하는데, 초와 향에서 나온 촛농과 재가 눈처럼 쌓였다. 지금 막 잘 차려입은 한 여자가 머리를 조아리며 기도를 하는데, 방석이 땀에 젖을 정도이다. 약왕묘의 전각은 태양궁과 거의 비슷한 정도로 화려하고 장엄하다.

명·청시기에 번성하던 약왕묘도 신중국 건국 후 문화대혁명을 거치면서 거의 파괴되었다. 오늘날 천단 북쪽에 있던 약왕묘 자리에는 북경11중학교가 들어서 있다. 2014년 가을에 찾아갔을 때에는 학교 구내에서 약왕묘를 복원공사 중이었다. 일부 건물은 학교의 교무실로 쓰이고 있었다. 다음 사진은 북경11중학교 교문과 복원 중인 약왕묘의 모습이다.

문화대혁명을 거치면서 많은 약왕묘가 파괴되었지만 오늘날까지도 중국 각지에는 관제묘만큼이나 남아있는 약왕묘가 많다. 아래의 사진은 고북구 북구를 넘어가면 곧바로 오른편에 나오는 고북구 약왕묘이다. 특이하게도 이곳의 약왕묘는 본전에 관우를 세우고, 양옆으로 주창周倉과 관평關平을 시립하게 하고 있다.

사진 95-1, 2 북경제11중학교의 교문과 복원 중인 약왕묘

사진 95-3,4 고북구 약왕묘

마치며

길의 끝에서 또다른 길을 찾다

처음 블로그에 《막북에서 다시 쓴 열하일기》를 연재할 때의 의도는 내가 느낀 감동을 이웃과 함께 공유하자는 것이었다. 100회에 이르는 블로그의 글이 이어질수록 많은 분이 공감을 표시해 주셨다. 용기를 내어 책으로 엮어보라는 주문도 많았다.

'정치인들이 그렇고 그런 내용으로 책을 출판해 내는 것은 세상에 쓰레기 하나 더하는 것이다'는 생각에 망설였지만, 내 글을 읽어본 소설가 김주영 선생의 적극적인 권유로 용기를 내게 되었다. 《객주》의 작가 김주영 선생은 나의 고향 선배이자 후원회장이며 선생님이다.

책으로 내려니 전편을 다시 써야 했다. 내용을 줄이고 사진을 추려내고 편집을 했다. 《열하일기》 원문은 한국고전번역원 DB에서 받아서 다듬어야 했다. 지도상에서 한자로 된 지명이 잘 보이지 않아서 전부 새로 편집해야 했다. 사진과 지도를 편집하는 일은 나를 보좌하는 양가영 씨가 훌륭하게 해 주었다. 매경출판의 전호림 대표님은 문외한인 나를 처음부터 끝까지 애정 어린 마음으로 돌봐주었다.

내가 쓴 글을 다시 읽는 일은 조금 어색한 일이다. 고치고 또 고쳐도 다시 고치고 싶은 것이 내가 쓴 글이다. 몇 번을 읽어도 재미있고 의미 있는 글이 되어야 한다는 생각으로 내가 할 수 있는 것을 다 바쳤다. 그러다 보니 지난 몇 년간 새벽에 일어나 글 쓰는 일이 혼자만의 즐거움이 되었다.

마무리 작업을 하면서 여러 차례 답사를 함께한 김세중·김상훈·김원호 군과 백승규 님, 윤경희 님. 그리고 중국교포 채명철 님의 수고를 떠올린다. 그들은 나와 함께 고산지대의 셰르파처럼 무거운 카메라 배낭을 메고 산을 넘고 황톳길을 터벅터벅 걸었다.

마지막으로, 《막북에서 다시 쓴 열하일기》를 읽은 분들이 일상을 벗어던지고 연암이 갔던 길을 따라가고 싶어진다면, 그래서 시대를 앞서간 지식인의 고뇌를 함께할 수만 있다면 더는 바람이 없겠다는 생각이다.

여의도에서

김재원

막북에서 다시 쓴 열하일기 (下)

초판 1쇄 2015년 11월 10일

지은이 김재원
펴낸이 전호림 **편집총괄** 고원상 **담당PD** 이승민 **펴낸곳** 매경출판㈜
등 록 2003년 4월 24일(No. 2-3759)
주 소 우)04627 서울특별시 중구 퇴계로 190 (필동 1가) 매경미디어센터 9층
홈페이지 www.mkbook.co.kr
전 화 02)2000-2610(기획편집) 02)2000-2636(마케팅) 02)2000-2606(구입 문의)
팩 스 02)2000-2609 **이메일** publish@mk.co.kr
인쇄·제본 ㈜M-print 031)8071-0961

ISBN 979-11-5542-361-5(03910) ISBN 979-11-5542-359-2(SET)
값 20,000원